INDEX DES MOTS APPARENTÉS
dans le
NOUVEAU TESTAMENT

DU MÊME AUTEUR

(en collaboration avec J. Van Ooteghem, S. J.) :

Index de Pline le Jeune, Académie Royale de Belgique, Classe des Lettres, Mémoires in-8º, 2e série, tome LVIII, fasc. 3, Bruxelles, Palais des Académies, 1965.

Xavier JACQUES, S. J.

INDEX DES MOTS APPARENTÉS

dans le

NOUVEAU TESTAMENT

Complément des Concordances et Dictionnaires

ROME
Biblical Institute Press
1969

SCRIPTA PONTIFICII INSTITUTI BIBLICI

118

TYPIS PONTIFICIAE UNIVERSITATIS GREGORIANAE - ROMAE

INTRODUCTION [1]

Qui n'a jamais souhaité, en se servant d'une Concordance ou d'un Dictionnaire du Nouveau Testament, pouvoir rapprocher du mot qui l'occupait, les mots apparentés soit par le radical soit par quelque autre élément de formation ?

Dans l'ordre alphabétique, hélas ! un simple préfixe suffit à éloigner l'un de l'autre, de façon irrémédiable, des mots qu'il y aurait parfois tout intérêt à ne pas séparer. Le souvenir, l'imagination, le hasard, peuvent bien aider à en retrouver certains, mais les autres ? Le TWNT de Kittel n'en présente, en tête d'article, qu'un choix limité et incomplet.

Et pourtant leur connaissance permettrait non seulement de serrer davantage, dans certains cas, le sens d'un radical, mais aussi de contrôler, sans risque d'oubli, l'usage qui en est fait, et de mettre parfois ainsi sur la piste de textes utiles à rapprocher. Elle offrirait de plus la possibilité de se familiariser rapidement et intelligemment avec un vocabulaire étendu.

Cet *Index* s'attache à répondre à ce besoin. Né des exigences mêmes de la recherche, il est conçu de façon essentiellement pratique.

Index des mots apparentés

Le titre en est volontairement imprécis. Les liens de parenté qui ont commandé le groupement des mots sont en effet divers. Identité de racines, de radicaux, utilisation d'un même préfixe ou infixe, tout a été retenu qui semblait présenter quelque utilité et autorisait un regroupement.

On a par contre exclu tout rapprochement basé seulement sur le sens. Il reste là un champ de travail immense, dont l'exploration pourrait aboutir, par étapes, à une présentation structurale de l'ensemble du vocabulaire du Nouveau Testament.

Complément des Concordances et Dictionnaires

Cet *Index*, en un sens, n'est pas complet. Conçu pour être utilisé comme *Complément* d'une Concordance ou d'un Dictionnaire, il pouvait s'autoriser certains allégements.

---

[1] L'usager pressé peut se reporter directement au « Mode d'emploi » qui suit l'Introduction.

1. Lorsqu'un mot isolé ne semblait autoriser aucun rapprochement, on ne l'a pas noté. Son absence même de l'*Index* avertit l'usager de la Concordance ou du Dictionnaire qu'il n'a pas à chercher ailleurs. Par ex. : ἀσκός.

2. Lorsqu'un élément commun ne se retrouvait que dans deux ou plusieurs mots déjà groupés dans l'ordre alphabétique, on s'est contenté de noter le premier de la série, en le faisant suivre de trois points de suspension. Par ex. : κυβέρνησις ...

3. A première vue, la même règle pouvait s'appliquer à tous les mots commençant par un même préfixe, par ex. ἐκ-. En réalité, ces mots ne se suivent pas toujours sans interruption dans l'ordre alphabétique (ἐκεῖ, ἐκεῖθεν, etc. s'intercalent entre ἐκδύω et ἐκζητέω) ; de plus, la forme changeante de certains préfixes (ἐξ- à côté de ἐκ- p. ex.) accentue cette dispersion. Fallait-il donc, dans le groupe consacré à ἐκ, noter tous les mots où ce préfixe apparaît ? Il nous a paru suffisant, vu l'intérêt modéré de ce type de regroupement, de ne noter dans ce cas que la préposition elle-même, les différentes formes qu'elle revêt comme préfixe, les adverbes apparentés et, évidemment, tous les mots où le même élément apparaît comme infixe (par ex., pour ἐκ : ἀνεκδιήγητος, ἀνεκλάλητος, etc.). Cette règle a été suivie pour les préfixes prépositionnels, le préfixe adverbial εὐ- et l'ἀ privatif.

4. Les Concordances, et aussi, pour les mots moins fréquents, les Dictionnaires spécialisés, comportent toutes les références nécessaires aux textes du Nouveau Testament. Il était donc inutile de les reprendre. Pour éviter cependant à l'usager qui ne s'intéresserait, par exemple, qu'au vocabulaire des *Actes*, d'avoir à passer en revue tous les mots d'un même groupe, on a joint à chacun d'eux une brève information indiquant, respectivement par une croix ou par un trait, s'il se trouve ou ne se trouve pas dans un des quatre groupes suivants, par ordre : 1. Évangiles 2. *Actes* 3. Épîtres pauliniennes (moins *Hébreux*) 4. Autres écrits (plus *Hébreux*). Un coup d'œil permet ainsi d'éviter de longues, et peut-être inutiles, vérifications.

Texte de base

La Concordance de Moulton et Geden [2], sans doute, avec celle de Bruder [3], une des plus complètes et des plus répandues, a servi de base à l'établissement de cet *Index*.

---

[2] W. F. Moulton and A. S. Geden, *A Concordance to the Greek Testament...*, 4th ed. revised by H. K. Moulton, Edinburgh, T. & T. Clark, 1963.

[3] C. H. Bruder, *Tamieion... sive Concordantiae omnium vocum Novi Testamenti Graeci*, ed. stereotypa 6ª, Göttingen, Vandenhoeck & Ruprecht, 1904.

Les têtes d'articles et l'ordre adoptés par ces auteurs ne vont pas sans poser parfois quelques problèmes [4]. Cependant, pour la facilité de l'usager, on s'y est tenu, partout où cela ne présentait pas d'inconvénient notable.

Les mots δέ et καί, omis délibérément par cette Concordance, ont été ajoutés : ils apparaissent en effet en composition dans d'autres mots. On a parfois introduit aussi d'infimes modifications d'ordre, d'accent ou d'orthographe [5].

Il était inutile de noter séparément les diverses formes de l'article ὁ, des pronoms ἐγώ (ἐμοῦ, μου, etc.), σύ, αὐτός et du verbe εἰμί, groupées comme autant d'articles indépendants après chacun de ces mots, mais qui ne constituent en fait que des subdivisions d'un même article [6].

Mais l'utilisation de cette Concordance soulevait un autre problème.

Elle fut, on le sait, établie sur le texte de Westcott et Hort (1881), comparé avec celui de Tischendorf (8e éd.) et celui des *English Revisers* [7]. Depuis ce temps, la critique textuelle a fait des progrès et on pouvait craindre que des mots non mentionnés dans la Concordance n'aient pénétré aujourd'hui dans les éditions usuelles du Nouveau Testament et n'échappent ainsi à notre *Index*.

Un coup d'œil sur la Concordance abrégée de Schmoller, établie sur un texte plus récent, celui de la 16e éd. de Nestle (1936), semble montrer que cette crainte ne doit pas être exagérée. Moulton et Geden avaient

---

[4] C'est ainsi que l'on trouve ἀγαθοεργέω puis, deux pages plus loin, ἀγαθουργέω sans renvoi de l'un à l'autre ; αὐτοῦ et ἑαυτοῦ (à 110 pages d'intervalle) sans plus de renvoi ; de même προεῖπον et προλέγω (bien qu'à προεῖδον on trouve un renvoi à προοράω, qui, lui, n'en comporte pas), ἀπάρτι et ἀπ' ἄρτι (mais ici l'inconvénient est moindre, car les textes cités sous ἀπάρτι sont tous repris, comme variantes, sous ἀπό et ἄρτι), δήπου et δή που (même remarque). L'article τίς ne renvoie pas à ἵνα τί, bien que les emplois de cette dernière expression n'y aient pas été repris. Ἀλλ' ἤ se trouve noté à la fois sous ἀλλά et après ἤ, avec les mêmes références ; par contre, l'unique référence à ἤ γάρ après ἤ ne se retrouve pas sous γάρ, où, par ailleurs, sont indiqués plusieurs autres emplois de la même expression ! Un manque d'uniformité, d'ailleurs voulu et explicable, se manifeste aussi dans l'orthographe des têtes d'articles : διπλόος à côté de ἁπλοῦς, ἐγκαταλείπω à côté de ἐνκόπτω, συμπαθής à côté de συνπαθέω, etc.

[5] La forme ἄρνας a été remise à sa place alphabétique, avant ἀρνίον ; ὄμβρος a perdu sa majuscule ; le πως enclitique ne porte plus d'accent circonflexe ; les têtes d'articles βλητέον, σήπω, σπλάγχνον, στεῖρος et στύλος sont devenues βλητέος, σήπομαι, σπλάγχνα, στεῖρα et στῦλος ; on a regroupé sous ὡς tous les emplois de ce mot, la distinction en deux articles proposée dans la Concordance manquant de clarté ; etc.

[6] Dans la reprise du mot en haut de la page, la mention qui est parfois faite de ces subdivisions nous paraît regrettable : elle rompt l'ordre alphabétique et complique la consultation.

[7] Ceux-ci avaient remis aux universités d'Oxford et de Cambridge, la liste des leçons adoptées par eux lorsqu'elles étaient différentes de celles que supposait l'*Authorised Version* ; Scrivener les édita en 1881.

en effet déjà pris le soin d'introduire dans leur Concordance les variantes marginales de Westcott et Hort et quelques leçons préférées par Tischendorf après la parution de la 8e éd. de son texte.

Par ailleurs, une reprise intégrale des textes les plus récents et de leurs variantes nous aurait conduit presque nécessairement à l'établissement d'une nouvelle Concordance — car à chaque mot, il eût alors été nécessaire de joindre ses références —, ce qui n'était pas notre but [8].

Il faudra donc utiliser cet *Index* avec les restrictions qu'impose ellemême la Concordance de Moulton et Geden.

Choix des éléments

Le principal des éléments dont on a tenu compte, est le radical, plus directement significatif souvent, du point de vue sémantique, que la racine. Celle-ci a cependant servi à regrouper plusieurs termes, lorsque ce regroupement présentait un intérêt, ne fût-ce que d'ordre pratique.

Les mots présentant en commun, tantôt comme préfixe, tantôt comme infixe, une préposition ou un adverbe, ont été également regroupés sous cet élément ; de même, ceux que distinguait la présence d'un ἀ privatif.

Par contre, on n'a pas effectué de regroupements autour des éléments suffixaux tels que -μος, -σις, -σύνη pour les substantifs, -τος, -ώδης pour les adjectifs, -ου, -ως pour les adverbes, -έω, -όω, -ίζω, -ίσκω pour les verbes, etc. [9].

Les noms propres n'ont en principe été introduits que lorsqu'ils comportaient un élément commun avec d'autres mots qui n'étaient pas euxmêmes des noms propres. Même alors, l'intérêt très modéré de ces rapprochements a conduit à rejeter ces noms en appendice de l'article où ils figurent.

Les mots empruntés au latin n'ont trouvé place dans cet *Index* que lorsque le mot latin présentait, avec d'autres mots grecs, une origine commune (par exemple, λεγιών = legio et les mots groupés sous λέγω).

---

[8] On aurait pu songer aussi à ajouter, avec la référence, les mots signalés en appendice par le *Lexicon Graecum N.T.* de Zorell, qui figurent dans certains manuscrits mais ne sont pas retenus dans le texte des éditions critiques, et qui, pour cette raison, n'ont pas été repris dans le corps du *Lexicon*. Réflexion faite, il nous a paru qu'ils alourdiraient, sans véritable intérêt pour l'usager, les pages de cet *Index*.

[9] Il ne sera pas difficile à celui qui le désirerait, d'en rassembler quelques exemples en parcourant les articles de l'*Index*. Leur étude spécialisée relève d'ailleurs plus de la grammaire que de l'exégèse. On pourra éventuellement se reporter à l'ouvrage de P. Kretschmer et E. Locker (*Rückläufiges Wörterbuch der griechischen Sprache*, Göttingen, Vandenhoeck & Ruprecht, 1944) ou, pour les substantifs et les adjectifs, à celui de C.D. Buck et W. Petersen (*A Reverse Index of Greek Nouns and Adjectives...*, Chicago, The University of Chicago Press, *s.a.*).

Rapprochements suggérés

Les rapprochements sont signifiés, soit par le groupement des mots dans un même article, soit par le renvoi à un autre article.

On trouvera de plus, placés entre crochets à la fin de certains articles, des mots auxquels il pourra parfois être utile de se référer. Il s'agit de mots qui ont ou peuvent avoir, sur le plan étymologique, un rapport plus ou moins étroit avec ceux de l'article en question.

Ces rapprochements ne sont pas explicitement motivés. La plupart du temps, l'usager en saisira facilement la raison ; s'il hésite, il se reportera aux travaux étymologiques de Chantraine [10], de Frisk [11], de Boisacq [12] ou à d'autres analogues.

La recherche étymologique comporte, on le sait, bien des incertitudes. On ne s'étonnera donc pas qu'un point d'interrogation affecte certains des rapprochements proposés. Selon les cas, il pourra signifier, ou que les auteurs cités plus haut ne les proposent qu'avec réserve, ou qu'ils ne s'accordent pas à leur sujet.

Les rapprochements de caractère populaire, qui ont pu avoir une influence sur la langue et la pensée, sont marqués d'un point d'exclamation.

Tous ces rapprochements sont fondés directement sur l'étymologie. Seuls font exception les renvois aux diverses formes d'un même pronom ou verbe et aux degrés de comparaison des adjectifs et adverbes. Le simple fait du rapprochement n'indique donc pas toujours une communauté de sens et, dans bien des cas, l'usager pourra n'être intéressé que par un seul des groupes de mots apparentés, sans éprouver le besoin de se reporter aux autres, signalés entre crochets.

---

[10] P. Chantraine, *Dictionnaire étymologique de la langue grecque, Histoire des mots*, Paris, Klincksieck. Le tome I (A-Δ) a paru en 1968. Voir aussi la partie étymologique des articles du *Dictionnaire grec-français* de A. Bailly, méthodiquement renouvelée par P. Chantraine pour la 16ᵉ éd., de 1950.

[11] Hj. Frisk, *Griechisches etymologisches Wörterbuch*, I (A-Ko), Heidelberg, Winter, 1960. Le second volume est en cours de publication.

[12] É. Boisacq, *Dictionnaire étymologique de la langue grecque, étudiée dans ses rapports avec les autres langues indo-européennes*, Heidelberg, Winter ; Paris, Klincksieck, 1916.

MODE D'EMPLOI

1. Isoler les éléments isolables et consulter l'*Index* à l'élément désiré (éventuellement, suivre les renvois). Si la consultation ne donne aucun résultat, c'est, en principe, que cet élément ne se retrouve pas ailleurs dans le vocabulaire du Nouveau Testament et ne donne lieu à aucun rapprochement étymologique.

*

2. Si l'élément désiré apparaît dans un mot précédé d'un astérisque, c'est que cet élément n'a pas donné lieu, dans l'*Index*, à la constitution d'un groupe. Et cela, pour une des deux raisons suivantes :

*ἄμπελος ...

a) Ou tous les mots qui contiennent cet élément suivent immédiatement, dans la Concordance ou le Dictionnaire, le mot noté dans l'*Index* (et dans ce cas, trois points de suspension placés après ce mot indiquent à l'usager qu'il doit se reporter à la Concordance ou au Dictionnaire pour y trouver, déjà groupés, les mots apparentés) ;

*ἀμάω

b) Ou le mot est isolé et n'a été noté que pour signaler des rapprochements étymologiques possibles.

— × × ×
× — — —
× × — ×

3. Les croix et traits qui suivent le mot dans un article, indiquent respectivement qu'il se trouve, ou ne se trouve pas, dans chacun des quatre groupes suivants : 1. Évangiles 2. *Actes* 3. Épîtres pauliniennes (moins *Hébreux*) 4. Autres écrits (plus *Hébreux*).

[ ]

4. Les mots placés entre crochets à la fin d'un article (ou directement après le mot, si celui-ci est isolé), sont, du point de vue étymologique, des parents plus ou moins proches du mot ou du groupe de mots considérés. Si l'on adopte certains de ces rapprochements, on prendra soin de se les justifier en recourant aux ouvrages spécialisés.

( )

N.B. — Lorsque le mot qui sert de tête d'article n'apparaît pas comme tel dans l'article, on l'a mis tout entier entre parenthèses. Les autres parenthèses, qui n'affectent qu'une partie des mots, n'ont en général d'autre but que d'orienter l'attention sur l'autre partie ou de faciliter le classement.

(?)
(!)

— Le point d'interrogation signale un doute sur le rapprochement proposé ; le point d'exclamation en dénonce le caractère populaire.

A

ἀ- cf. ν-

ἀ-
ἀν-
δι-α-πορέω   × × — —
ἐξ-α-πορέομαι   — — × —
κατ-α-ργέω   × — × ×

    [*ἄδης(!)]

ἀ-
ἅπαξ   — — × ×
ἅπας   × × × ×
ἁπλότης   — — × —
ἁπλοῦς   × — — —
ἁπλῶς   — — — ×
ἐφάπαξ   — — × ×

    [*ἅμα, εἷς, ἡμι-, ὁμός, *ἑτερό(γλωσ-
    σος)..., ἑκατόν (?); ἀδελφός, ἀθροίζω,
    ἀκολουθέω, ἀσπάζομαι(?), *ἀτενίζω(?)]

ἄβυσσος cf. βυθός

ἀγαθός cf. ἄριστος, *βέλτιον, κράτ(ος)

ἀγαθοεργέω (cf. ἀγαθουργέω)   — — × —
ἀγαθοποιέω   × — — ×
ἀγαθοποιΐα   — — — ×
ἀγαθοποιός   — — — ×
ἀγαθός   × × × ×
ἀγαθουργέω (cf. ἀγαθοεργέω)   — × — —
ἀγαθωσύνη   — — × —
ἀφιλάγαθος   — — × —
φιλάγαθος   — — × —

*ἀγαλλίασις...

    [*ἀγανακτέω... (?)]

*ἀγανακτέω...

    [*ἀγαλλίασις... (?) ἔχω (?)]

ἀγγεῖον cf. ἄγγος

ἄγγελος
ἀγγελία   × — — —
ἀγγέλλω   × — — —
ἄγγελος   × × × ×
ἀναγγέλλω   × × × ×
ἀπαγγέλλω   × × × ×
ἀρχάγγελος   — — × ×
διαγγέλλω   × × × —
ἐξαγγέλλω   — — — ×
ἐπαγγελία   × × × ×
ἐπαγγέλλομαι   × × × ×
ἐπάγγελμα   — — — ×
εὐαγγελ- cf. infra
ἰσάγγελος   × — — —
καταγγελεύς   — × — —
καταγγέλλω   — × × —
παραγγελία   — × × —
παραγγέλλω   × × × —
προεπαγγέλλομαι   — — × —
προκαταγγέλλω   — × — —

εὐαγγελίζομαι   × × × ×
εὐαγγέλιον   × × × ×
εὐαγγελιστής   — × × —
προευαγγελίζομαι   — — × —

ἄγγος
ἀγγεῖον   × — — —
ἄγγος   × — — —

ἄγε cf. ἄγω

*ἀγέλη

    [ἄγω]

(ναυ)αγέω cf. ἄγνυμι

*ἀγιάζω... cf. ἁγνός

ἀγκ-

ἀγκάλη	×	—	—	—
ἐναγκαλίζομαι	×	—	—	—

ἄγκιστρον	×	—	—	—
ἄγκυρα	—	×	—	×

[ἀνάγκη (?)]

ἁγνός cf. *ἁγιάζω...

ἁγνεία	—	—	×	—
ἁγνίζω	×	×	—	×
ἁγνισμός	—	×	—	—
ἁγνός	—	—	×	×
ἁγνότης	—	—	×	—
ἁγνῶς	—	—	×	—

(ἄγνυμι)

κατάγνυμι	×	—	—	—
ναυαγέω	—	—	×	—

ἀγορά

ἀγορά	×	×	—	—
ἀγοράζω	×	—	×	×
ἀγοραῖος	—	×	—	—
ἀλληγορέω	—	—	×	—
δημηγορέω	—	—	×	—
ἐξαγοράζω	—	—	—	×
κατηγορέω	×	×	×	×
κατηγορία	×	—	×	—
κατήγορος	—	×	—	—
κατήγωρ	—	—	—	×
πανήγυρις	—	—	—	×
παρηγορία	—	—	×	—
προσαγορεύω	—	—	—	×

ἄγρα

ἄγρα	×	—	—	—
ἀγρεύω	×	—	—	—
ζωγρέω	×	—	×	—

[ἄγω (?)]

ἀγραυλέω cf. ἀγρός

ἀγρεύω cf. ἄγρα

ἀγρι(ε,ο)- cf. ἀγρός

*Ἀγρίππας

[πούς (?)]

ἀγρός

ἀγραυλέω	×	—	—	—
ἀγριέλαιος	—	—	×	—
ἄγριος	×	—	—	×
ἀγρός	×	×	—	—
ἀγρυπνέω	×	—	×	×
ἀγρυπνία	—	—	×	—

[ἄγω (?)]

*(ἀπ)άγχομαι cf. *ἆσσον

ἄγω

ἄγε	—	—	—	×
ἄγω	×	×	×	×
ἀγωγή	—	—	—	×
ἀνάγω	×	×	×	×
ἀπάγω	×	×	×	×
ἀποσυνάγωγος	—	—	×	—
ἀρχηγός	—	×	—	×
ἀρχισυνάγωγος	—	—	×	—
διάγω	—	—	×	—
δουλαγωγέω	—	—	×	—
εἰσάγω	×	×	×	×
ἐξάγω	×	×	×	×
ἐπάγω	×	×	×	×
ἐπανάγω	—	×	—	—
ἐπεισαγωγή	—	—	—	×
ἐπισυνάγω	×	×	×	×
ἐπισυναγωγή	—	—	×	×
κατάγω	×	×	×	—
μετάγω	—	—	—	×

παιδαγωγός	—	—	×	—
παράγω	×	—	×	×
παρεισάγω	—	—	—	×
παρείσακτος	—	—	×	—
περιάγω	×	×	×	—
προάγω	×	×	×	×
προσάγω	×	×	—	×
προσαγωγή	—	—	×	—
συλαγωγέω	—	—	×	—
συνάγω	×	×	×	×
συναγωγή	×	×	—	×
συναπάγομαι	—	—	×	×
ὑπάγω	×	—	—	×
χαλιναγωγέω	—	—	—	×
χειραγωγέω	—	×	—	—
χειραγωγός	—	×	—	—

[*ἀγέλη, ἀγών, ἄξιος, ἄγρα(?),
ἀγρός(?), -ηγός(?)]

ἀγών

ἀγών	—	—	×	×
ἀγωνία	×	—	—	—
ἀγωνίζομαι	×	—	×	—
ἀνταγωνίζομαι	—	—	—	×
ἐπαγωνίζομαι	—	—	—	×
καταγωνίζομαι	—	—	—	×
συναγωνίζομαι	—	—	×	—

[ἄγω]

ἀδελφός

ἀδελφή	×	×	×	×
ἀδελφός	×	×	×	×
ἀδελφότης	—	—	—	×
φιλαδελφία	—	—	×	×
φιλάδελφος	—	—	—	×
ψευδάδελφος	—	—	×	×

Φιλαδελφία	—	—	—	×

[ἀ-]

*(αὐθ)άδης

[ἥδομαι]

*ᾄδης

[ἀ-(!) εἶδον(!)]

*ἁδρότης

[ἀνήρ]

ᾄδω

ᾄδω	—	—	×	×
κιθαρῳδός	—	—	—	×
ᾠδή	—	—	×	×

ἀεί cf. αἰών

ἀεί	—	×	×	×
ἀίδιος	—	—	×	×

*(ἀμφι)άζω cf. (ἀμφι)έννυμι

*ἀήρ

[*(μετ)εωρίζομαι(?)]

ἀθλέω

ἀθλέω	—	—	×	—
ἄθλησις	—	—	—	×
συναθλέω	—	—	×	—

ἀθροίζω

ἀθροίζω	×	—	—	—
ἐπαθροίζομαι	×	—	—	—
συναθροίζω	—	×	—	—

[ἀ- θρῆσκος(?)]

*αἴγειος

[*αἰγιαλός(?)]

*αἰγιαλός

[*αἴγειος (?) ἅλς (?), ἅλλομαι (?)]

(ἀν)αιδία cf. αἰδώς

ἀΐδιος cf. ἀεί

αἰδώς

αἰδώς	—	— × —
ἀναιδία	×	— — —

Αἰθίοψ cf. ὀπ-

*αἷμα...

Αἰνέας, αἰνε- cf. αἶνος

*αἴνιγμα

[αἶνος]

αἶνος

αἴνεσις	— — — ×
αἰνέω	× × × ×
αἶνος	× — — —
ἐπαίνετος	— — × —
ἐπαινέω	× — × —
ἔπαινος	— — × ×
παραινέω	— × — —

Αἰνέας — × — —

[*αἴνιγμα]

(αἱρέω) cf. ἑλεῖν

αἱρέομαι	— — × ×
αἵρεσις	— × × ×
αἱρετίζω	× — — —
αἱρετικός	— — × —

ἀναίρεσις	— × — —
ἀναιρέω	× × × ×
αὐθαίρετος	— — — ×
ἀφαιρέω	× — × ×
διαίρεσις	— — — ×
διαιρέω	× — × —
ἐξαιρέω	× × × ×
καθαίρεσις	— — — ×
καθαιρέω	× × × —
περιαιρέω	— × × ×
προαιρέομαι	— — × —

αἴρω

αἴρω	× × × ×
ἀπαίρομαι	× — — —
ἐξαίρω	— — × —
ἐπαίρω	× × × —
μεταίρω	× — — —
συναίρω	× — — —
ὑπεραίρομαι	— — × —

[*(μετ)εωρίζομαι, *ἀρτέμων (?),
*ἄρτος (?)]

*αἰσθάνομαι...

*αἰσχρο(κερδής)... cf. αἰσχύνω

(αἰσχύνω) cf. *αἰσχρο(κερδής)...

αἰσχύνη	× — × ×
αἰσχύνομαι	× — × ×
ἀνεπαίσχυντος	— — × —
ἐπαισχύνομαι	× — × ×
καταισχύνω	× — × ×

αἰτέω

αἰτέω	× × × ×
αἴτημα	× — × ×
ἀπαιτέω	× — — —
ἐξαιτέομαι	× — — —
ἐπαιτέω	× — — —

παραιτέομαι	×	×	×	×
προσαιτέω	×	—	—	—
προσαίτης	×	—	—	—

[αἴτιος]

αἴτιος

αἰτία	×	×	×	×
αἴτιον	×	×	—	—
αἴτιος	—	—	—	×
αἰτίωμα	—	×	—	—
ἀναίτιος	×	—	—	—
προαιτιάομαι	—	—	×	—

[αἰτέω]

(αἴφνης)

αἰφνίδιος	—	—	×	—
ἐξαίφνης	×	×	—	—
ἐφνίδιος cf. αἰφνίδιος				

[*ἄφνω (?)]

αἰχμάλωτος cf. ἁλίσκομαι

αἰχμαλωσία	—	—	×	×
αἰχμαλωτεύω	—	—	×	—
αἰχμαλωτίζω	×	—	×	—
αἰχμάλωτος	×	—	—	—
συναιχμάλωτος	—	—	×	—

αἰών cf. ἀεί

αἰών	×	×	×	×
αἰώνιος	×	×	×	×

*ἄκανθαι...

[ἀκμή (?)]

(ἀκμή)

ἀκμάζω	—	—	—	×

ἀκμήν	×	—	—	—
ὑπέρακμος	—	—	×	—

[*ἀκρο(βυστία)..., *ἄκανθαι (?), ἀκούω (?)]

ἀκοή cf. ἀκούω

(ἀκολουθέω)

ἐξακολουθέω	—	—	—	×
ἐπακολουθέω	×	—	×	×
κατακολουθέω	×	×	—	—
παρακολουθέω	×	—	×	—
συνακολουθέω	×	—	—	—

[ἀ- *κέλευσμα... (?)]

ἀκούω

ἀκοή	×	×	×	×
ἀκούω	×	×	×	×
διακούω	—	×	—	—
εἰσακούω	×	×	×	×
ἐπακούω	—	—	×	—
παρακοή	—	—	×	×
παρακούω	×	—	—	—
προακούω	—	—	×	—
ὑπακοή	—	—	×	×
ὑπακούω	×	×	×	×
ὑπήκοος	—	×	×	—

[ἀκμή (?) οὖς (?), ἀκροάομαι (?)]

*ἀκρίβεια...

[*ἀκρο(βυστία)... (?)]

*ἀκρίς

[*ἀκρο(βυστία)... (?)]

(ἀκροάομαι)

ἀκροατήριον	—	×	—	—

ἀκροατής   — — × ×
ἐπακροάομαι   — × — —

[*ἀκρο(βυστία)... οὖς, ἀκούω (?)]

*ἀκρο(βυστία)...

[ἀκμή, ἀκροάομαι, ὀξύς, *ἀκρίβεια... (?),
*ἀκρίς (?)]

(παρείσ)ακτος   cf. ἄγω

*'Ακύλας

[*Εὐρακύλων (?)]

ἄκων   cf. ἑκών

*ἀλαζονία...

ἄλας, ἀλεεύς   cf. ἅλς

ἀλείφω   cf. *λιπαρός

ἀλείφω   × — — ×
ἐξαλείφω   — × × ×

*ἀλεκτοροφωνία...

[*'Αλεξανδρεύς... (?)]

* Αλεξανδρεύς...

[*ἀλεκτοροφωνία... (?) ἀνήρ (?)]

(ἀλέω)

ἄλευρον   × — — —
ἀλήθω   × — — —

ἀληθής

ἀλήθεια   × × × ×
ἀληθεύω   — — × —
ἀληθής   × × × ×
ἀληθινός   × — × ×
ἀληθῶς   × × × ×

[λανθάνω]

ἀλήθω   cf. ἀλέω

ἁλιευ-   cf. ἅλς

*(συν)αλίζομαι

[ἅλς(!?), *(ἐν)ειλέω (?)]

ἁλίζω   cf. ἅλς

(ἁλίσκομαι)   cf. αἰχμάλωτος

ἅλωσις   — — — ×
ἀναλίσκω   × — × —
καταναλίσκω   — — — ×
προσαναλίσκω   × — — —

[ἑλεῖν (?)]

ἀλλά   cf. ἄλλος

ἀλλάσσω   cf. ἄλλος

ἀλλάσσω   — × × ×
ἀντάλλαγμα   × — — —
ἀπαλλάσσω   × × — ×
ἀποκαταλλάσσω   — — × —
διαλλάσσομαι   × — — —
καταλλαγή   — — — —
καταλλάσσω   — — — —
μεταλλάσσω   — — — —
παραλλαγή   — — — ×
συναλλάσσω   — × — —

ἀλλη- cf. ἄλλος

ἄλλομαι

   ἄλλομαι   × × — — —
   ἐξάλλομαι   — × — — —
   ἐφάλλομαι   — × — — —

    [*αἰγιαλός (?)]

ἄλλος cf. ἀλλάσσω

   ἀλλά   × × × ×
   ἀλλαχόθεν   × — — — —
   ἀλλαχοῦ   × — — — —
   ἀλληγορέω   — — × — —
   ἀλλήλων   × × × ×
   ἀλλογενής   × — — — —
   ἄλλος   × × × ×
   ἀλλοτριεπίσκοπος   — — — ×
   ἀλλότριος   × × × ×
   ἀλλόφυλος   — × — — —
   ἄλλως   — — × — —
   ἀπαλλοτριόομαι   — — × — —

ἀλοάω cf. ἀλωή

ἅλς

   ἅλας   × — × — —
   ἁλεεύς   × — — — —
   ἁλιεύς cf. ἁλεεύς
   ἁλιεύω   × — — — —
   ἁλίζω   × — — — —
   ἅλς   × — — — —
   ἁλυκός   — — — — ×
   ἄναλος   × — — — —
   ἐνάλιος   — — — — ×
   παράλιος   × — — — —

    [*αἰγιαλός (?), *(συν)αλίζομαι (!?)]

(ἀλωή)

   ἀλοάω   — — × — —
   ἅλων   × — — — —

   μητρολῴης   — — × —
   πατρολῴης   — — × —

ἅλωσις cf. ἁλίσκομαι

*ἅμα

    [ἁ-, *ἀμάω (?)]

ἀμάραντ- cf. μαραίνομαι

ἁμαρτάνω

   ἁμαρτάνω   × × × ×
   ἁμάρτημα   × — × ×
   ἁμαρτία   × × × ×
   ἁμαρτωλός   × — × ×
   ἀναμάρτητος   × — — —
   προαμαρτάνω   — — × —

*ἀμάω

    [*ἅμα (?)]

*ἄμπελος...

ἀμφι-, ἀμφ-

*ἄμωμον

    [*κιννάμωμον (?)]

ἄν

   ἄν   × × × ×
   ἐάν   × × × ×
   ἐὰν μή   × × × ×
   ἐάνπερ   — — — ×
   ἐπάν   × — — —
   κἄν   × × × ×
   ὅταν   × × × ×

2

ἀνά				
ἀν-				
ἀνά	×	—	×	×
ἀνα-				
ἀνταναπληρόω	—	—	×	—
ἄνω	×	×	×	×
ἄνωθεν	×	×	×	×
ἀνωτερικός	—	×	—	—
ἀνώτερον	×	—	—	×
διανοίγω	×	×	—	—
ἐξανάστασις	—	—	×	—
ἐξανατέλλω	×	—	—	—
ἐξανίστημι	×	×	—	—
ἐπανάγω	×	—	—	—
ἐπαναμιμνήσκω	—	—	×	—
ἐπαναπαύομαι	×	—	×	—
ἐπανέρχομαι	×	—	—	—
ἐπανίστημι	×	—	—	—
ἐπανόρθωσις	—	—	×	—
ἐπάνω	×	—	×	×
κατάθεμα	—	—	—	×
καταθεματίζω	×	—	—	—
καταναλίσκω	—	—	—	×
προσαναβαίνω	×	—	—	—
προσαναλίσκω	×	—	—	—
προσαναπληρόω	—	—	×	—
προσανατίθεμαι	—	—	×	—
συναναβαίνω	×	×	—	—
συνανάκειμαι	×	—	—	—
συναναμίγνυμαι	—	—	×	—
συναναπαύομαι	—	—	×	—
ὑπεράνω	—	—	×	×

ἀνάγκη				
ἀναγκάζω	×	×	×	—
ἀναγκαῖος	—	×	×	×
ἀναγκαστῶς	—	—	—	×
ἀνάγκη	×	—	×	×
ἐπάναγκες	—	×	—	—

[ἀγκ- (?)]

ἄναλος cf. ἅλς

ἀνδρ-, Ἀνδρ- cf. ἀνήρ

*ἀνεμίζομαι...

[νεανί- (?)]

ἀνήρ				
ἀνδραποδιστής	—	—	×	—
ἀνδρίζομαι	—	—	×	—
ἀνδροφόνος	—	—	×	—
ἀνήρ	×	×	×	×
ὕπανδρος	—	—	×	—
φίλανδρος	—	—	×	—
Ἀνδρέας	×	×	—	—
Ἀνδρόνικος	—	—	×	—
Νικάνωρ	—	×	—	—

[*ἁδρότης, *Ἀλεξανδρεύς... (?), ἄνθρω-
πος (?)]

*ἀνθρακία...

ἄνθρωπος				
ἀνθρωπάρεσκος	—	—	×	—
ἀνθρώπινος	—	×	×	×
ἀνθρωποκτόνος	×	—	—	×
ἄνθρωπος	×	×	×	×
φιλανθρωπία	—	×	—	—
φιλανθρώπως	—	×	—	—

[ἀνήρ (?) ὀπ- (?)]

(ἀντάω) cf. ἀντί				
ἀπαντάω	×	—	—	—
ἀπάντησις	×	×	×	—
καταντάω	—	×	×	—
συναντάω	×	×	—	×
ὑπαντάω	×	×	—	—
ὑπάντησις	×	—	—	—

ἀντί cf. ἀντάω, ἔναντι				
ἀναντίρρητος	—	×	—	—
ἀναντιρρήτως	—	×	—	—

ἀνθ-
ἀντ-
ἀντί   × × × ×
ἀντι-
συναντιλαμβάνομαι   × — × —

'Αντιοχ- cf. ἔχω

*ἀντλέω...

*(δι)ανύω

  [αὐθεντέω]

ἄνω cf. ἀνά

ἄξιος

  ἀνάξιος   — — × —
  ἀναξίως   — — × —
  ἄξιος   × × × ×
  ἀξιόω   × × × ×
  ἀξίως   — — × ×
  καταξιόομαι   × × × —

  [ἄγω]

ἅπαξ

  ἅπαξ   — — × ×
  ἐφάπαξ   — — × ×

  [ἁ- πήγνυμι]

ἅπας cf. ἁ- πᾶς

ἀπάτη

  ἀπατάω   — — × ×
  ἀπάτη   × — × ×
  ἐξαπατάω   — — × ×
  φρεναπατάω   — — × —
  φρεναπάτης   — — × —

ἀπειλή

  ἀπειλέω   — × — ×
  ἀπειλή   — × × —
  προσαπειλέομαι   — × — —

ἀπλ- cf. ἁ-πλόος

ἀπό

  ἀναπολόγητος   — — × —
  ἀνταποδίδωμι   × — × ×
  ἀνταπόδομα   × — × —
  ἀνταπόδοσις   — — × —
  ἀνταποκρίνομαι   × — × —
  ἀπ-
  ἀπό   × × × ×
  ἀπο-
  ἀφ-
  ἐξαποστέλλω   × × × —
  μισθαποδοσία   — — — ×
  μισθαποδότης   — — — ×
  συναπάγομαι   — — — ×
  συναποθνήσκω   × × — —
  συναπόλλυμαι   — — — ×
  συναποστέλλω   — — × —
  ψευδαπόστολος   — — × —

ἅπτω

  ἀνάπτω   × — — ×
  ἅπτω   × × × ×
  ἁφή   — — × —
  καθάπτω   — × — —
  περιάπτω   × — — —
  ψηλαφάω   × × — ×

  [*(κατ)ήφεια (?), *ἤπιος (?)]

*ἄρα

  [*ἄρα, γάρ, ἄρτι, ἄριστος (?)]

*ἆρα

  [*ἆρα]

ἀρά

ἀρά	— — × —
ἐπάρατος	× — — —
ἐπικατάρατος	— — × —
κατάρα	— — × ×
καταράομαι	× — × ×

[ἀρνέομαι (?)]

ἀργ(ε,ο)- cf. ἔργον

ἄργυρος

ἀργύρεος	— × × ×
ἀργύριον	× × × ×
ἀργυροκόπος	— × — —
ἄργυρος	× × — ×
ἀφιλάργυρος	— — × ×
φιλαργυρία	— — × —
φιλάργυρος	× — × —

Ἄρειος Πάγος

| Ἄρειος Πάγος | — × — — |
| Ἀρεοπαγίτης | — × — — |

[ἄριστος (?)]

ἀρέσκω

ἀνθρωπάρεσκος	— — × —
ἀρεσκία	— — × —
ἀρέσκω	× × × —
ἀρεστός	× × — ×
εὐαρεστέω	— — — ×
εὐάρεστος	— — × ×
εὐαρέστως	— — — ×

[ἀρτίζω (?)]

*ἀρετή

[ἄριστος (?)]

ἀρήν

ἀρήν	× — — —
ἄρνας cf. ἀρήν	
ἀρνίον	× — — ×

[*ἔριον (?)]

ἀριθμός

ἀναρίθμητος	— — — ×
ἀριθμέω	× — — ×
ἀριθμός	× × × ×
καταριθμέω	— × — —

[ἀρτίζω (?)]

ἀριστερός cf. ἄριστος

ἄριστον

| ἀριστάω | × — — — |
| ἄριστον | × — — — |

[ἐσθίω]

(ἄριστος) cf. ἀγαθός

| ἀριστερός | × — × — |

| Ἀρίσταρχος | — × × — |
| Ἀριστόβουλος | — — × — |

[*ἄρα (?), *ἀρετή (?), Ἄρειος (Πά-γος) (?)]

ἀρκέω

ἀρκετός	× — — ×
ἀρκέω	× — × ×
αὐτάρκεια	— — × —
αὐτάρκης	— — × —
ἐπαρκέω	— — × —

ἀρμ-

| ἄρμα | — × — × |

ἁρμόζομαι — — × —
ἁρμός — — — ×
συναρμολογέω — — × —

[ἁρτίζω]

ἄρνας cf. ἀρήν

ἀρνέομαι

ἀπαρνέομαι × — — —
ἀρνέομαι × × × ×

[ἀρά (?)]

ἀρνίον cf. ἀρήν

*ἀροτριάω...

ἁρπάζω

ἁρπαγή × — — ×
ἁρπαγμός — — × —
ἁρπάζω × × × ×
ἅρπαξ × — × —
διαρπάζω × — — —
συναρπάζω × × — —

*ἀρσενο(κοίτης)...

*ἀρτέμων
[αἴρω (?), ἀρτίζω (?)]

ἄρτι

ἀπάρτι × — — ×
ἄρτι × — × ×
ἀρτιγέννητος — — — ×
ἄρτιος — — × —

[*ἄρα, ἀρτίζω]

(ἀρτίζω) cf. *ἀρτύω

ἀπαρτισμός × — — —
ἐξαρτίζω — × × —
καταρτίζω × — × ×
κατάρτισις — — × —
καταρτισμός — — × —
προκαταρτίζω — — × —

[ἁρμ-, ἄρτι, *ἀρτέμων (?), *ἄρτος (?)
ἀρέσκω (?), ἀριθμός (?)]

ἄρτιος cf. ἄρτι

*ἄρτος
[αἴρω (?), ἀρτίζω (?)]

*ἀρτύω cf. ἀρτίζω

ἀρχή

ἀπαρχή — — × —
ἀρχάγγελος — — × ×
ἀρχαῖος × × × ×
ἀρχή × × × ×
ἀρχηγός — — × —
ἀρχιερατικός — × — —
ἀρχιερεύς × × — ×
ἀρχιποίμην — — — ×
ἀρχισυνάγωγος × × — —
ἀρχιτέκτων — — × —
ἀρχιτελώνης × — — —
ἀρχιτρίκλινος × — — —
ἄρχω × × × ×
ἄρχων × × × ×
ἐθνάρχης — — × —
ἑκατοντάρχης × × — —
ἐνάρχομαι — — × —
ἐπαρχεία — — × —
ἐπάρχειος — — × —
πατριάρχης — × — ×
πειθαρχέω — × × —
πολιτάρχης — × — —
προενάρχομαι — — × —

προϋπάρχω   × × — —
στρατοπέδαρχος   — × — —
τετρααρχέω   × — — —
τετραάρχης   × × — —
ὕπαρξις   — × — ×
ὑπάρχω   × × × ×
χιλίαρχος   × × — ×

'Αρίσταρχος   — × × —
'Αρχελάος   × — — —
''Αρχιππος   — — × —
'Ασιάρχης   — × — —

*ἀσμένως

     [ἥδομαι (?)]

ἀσπάζομαι

ἀπασπάζομαι   — × — —
ἀσπάζομαι   × × × ×
ἀσπασμός   × — × —

     [ἁ- (?)]

*ἆσσον cf. *(ἀπ)άγχομαι

ἀστήρ

ἀστήρ   × — × ×
ἄστρον   × × — ×

     [ἀστραπή]

ἀστραπή

ἀστραπή   × — — ×
ἀστράπτω   × — — —
ἐξαστράπτω   × — — —
περιαστράπτω   — × — —

     [ἀστήρ ὀπ-]

ἄστρον cf. ἀστήρ

ἀσωτ- cf. σώζω

*ἀτενίζω cf. τείνω

     [ἁ- (?), ἐν (?)]

*ἀτμίς

     [*θύελλα (?)]

αὐγή

ἀπαύγασμα   — — — ×
αὐγάζω   — — × —
αὐγή   — × — —
δηλαυγῶς   × — — —
διαυγάζω   — — — ×
διαυγής   — — — ×
τηλαυγῶς   × — — —

Αὔγουστος cf. αὔξω

αὐθ- cf. αὐτός

αὐθάδης cf. αὐτός

     [ἥδομαι]

αὐθεντέω cf. αὐτός

     [*(δι)ανύω]

αὐλέομαι cf. αὐλός

αὐλή

ἀγραυλέω   × — — —
αὐλή   × — — ×
αὐλίζομαι   × — — —
ἔπαυλις   — × — —
προαύλιον   × — — —

     [*ἐνιαυτός (?)]

αὐλός

αὐλέομαι	×	—	×	—
αὐλητής	×	—	—	×
αὐλός	—	—	×	—

(αὔξω)

αὐξάνω	×	×	×	×
αὔξησις	—	—	×	—
συναυξάνομαι	×	—	—	—
ὑπεραυξάνω	—	—	×	—

─────

Αὔγουστος	×	—	—	—

αὔριον

αὔριον	×	×	×	×
ἐπαύριόν	×	×	—	—

*αὐστηρός cf. *αὐχμηρός

(παρ)αυτίκα cf. αὐτός

[*ἡνίκα]

αὐτός

αὐθάδης	—	—	×	×
αὐθαίρετος	—	—	×	—
αὐθεντέω	—	—	×	—
αὐτάρκεια	—	—	×	—
αὐτάρκης	—	—	×	—
αὐτοκατάκριτος	—	—	×	—
αὐτόματος	×	×	—	—
αὐτόπτης	×	—	—	—
αὐτός	×	×	×	×
αὐτοῦ adv.	×	×	—	—
αὐτοῦ (cf. ἑαυτοῦ)	×	×	×	×
αὐτόφωρος	×	—	—	—
αὐτόχειρ	—	×	—	—
ἑαυτοῦ (cf. αὐτοῦ)	×	×	×	×
ἐμαυτοῦ	×	×	×	—
ἐξαυτῆς	×	×	×	—
παραυτίκα	—	—	×	—

σεαυτοῦ	×	×	×	×
φίλαυτος	—	—	×	—
ὡσαύτως	×	—	×	—

*αὐχμηρός cf. *αὐστηρός

(ψηλ)αφάω cf. ἅπτω

ἀφειδία cf. ἀ- φείδομαι

ἀφή cf. ἅπτω

*ἄφνω

[αἴφνης (?)]

ἀφρός

ἀφρίζω	×	—	—	—
ἀφρός	×	—	—	—
ἐπαφρίζω	—	—	—	×

─────

Ἐπαφρᾶς (!)	—	—	×	—
Ἐπαφρόδιτος (!)	—	—	×	—

(προσ)αχέω cf. ἦχος

*ἄχρι cf. *μέχρι

B

βαθμός cf. βαίνω

*βάθος...

[βάπτω (?), *βόθυνος (?), βυθός (?)]

(βαίνω)

ἀναβαθμός	—	×	—	—
ἀναβαίνω	×	×	×	×
ἀναβιβάζω	×	—	—	—

βάλλω

ἀπαράβατος	—	—	—	×
ἀποβαίνω	×	—	×	—
βαθμός	—	—	×	—
βάσις	—	×	—	—
βῆμα	×	×	×	—
διαβαίνω	×	×	—	×
διαβεβαιόομαι	—	—	—	×
ἐκβαίνω	—	—	—	×
ἔκβασις	—	—	×	×
ἐμβαίνω	×	×	—	—
ἐμβατεύω	—	—	×	—
ἐμβιβάζω	—	×	—	—
ἐπιβαίνω	×	×	—	—
ἐπιβιβάζω	×	×	—	—
καταβαίνω	×	×	×	×
κατάβασις	×	—	—	—
καταβιβάζω	×	—	—	—
μεταβαίνω	×	×	—	×
παραβαίνω	×	×	—	—
παράβασις	—	—	×	×
παραβάτης	—	—	×	×
προβαίνω	×	—	—	—
προβατικός	×	—	—	—
προβάτιον	×	—	—	—
πρόβατον	×	×	×	×
προβιβάζω	×	—	—	—
προσαναβαίνω	×	—	—	—
συμβαίνω	×	×	×	×
συναναβαίνω	×	×	—	—
συνβιβάζω	—	×	—	—
συνκαταβαίνω	—	×	—	—
ὑπερβαίνω	—	—	×	—

[*βέβαιος... (?), *βέβηλος... (?), *βω-μός (?), πρέσβυς (?)]

βάλλω

ἀμφιβάλλω	×	—	—	—
ἀμφίβληστρον	×	—	—	—
ἀναβάλλομαι	—	×	—	—
ἀναβολή	—	×	—	—
ἀντιβάλλω	×	—	—	—
ἀποβάλλω	×	—	—	×
ἀπόβλητος	—	—	×	—
ἀποβολή	—	×	×	—
βάλλω	×	×	—	×
βέλος	—	—	×	—

βλητέος	×	—	—	—
βολή	×	—	—	—
βολίζω	—	—	×	—
διαβάλλω	×	—	—	—
διάβολος	×	×	×	×
ἐκβάλλω	×	×	×	×
ἐκβολή	—	—	×	—
ἐμβάλλω	×	—	—	—
ἐπιβάλλω	×	×	×	×
ἐπίβλημα	×	—	—	—
καταβάλλω	—	—	×	×
καταβολή	×	×	×	×
λιθοβολέω	×	×	×	×
μεταβάλλομαι	—	—	×	—
παραβάλλω	—	—	×	—
παραβολεύομαι	—	—	×	—
παραβολή	×	×	×	—
παρεμβάλλω	—	—	×	—
παρεμβολή	—	×	—	×
περιβάλλω	×	×	×	×
περιβόλαιον	—	—	×	×
προβάλλω	—	—	×	—
συνβάλλω	—	—	×	—
τρίβολος	×	—	—	—
ὑπερβαλλόντως	—	—	×	—
ὑπερβάλλω	—	—	×	—
ὑπερβολή	—	—	×	—
ὑποβάλλω	—	—	×	—

[*βελόνη (?), βούλομαι (?), *σκύβα-λον (?)]

βάπτω

βαπτίζω	×	×	×	—
βάπτισμα	×	×	×	×
βαπτισμός	×	—	—	×
βαπτιστής	×	—	—	—
βάπτω	×	—	—	×
ἐμβάπτω	×	—	—	—

[*βαθός... (?), *βόθυνος (?)]

βαρύς

ἀβαρής	—	—	×	—
βαρέομαι	×	—	×	—

βαρέως   × × — — —
βάρος   × × × ×
βαρύς   × × × ×
βαρύτιμος   × — — — —
ἐπιβαρέω   — — × — —
καταβαρέω   — — × — —
καταβαρύνω   × — — — —

[*(ἐμ)βριμάομαι (?)]

(Πατρό)βας   cf. βίος

*βασανίζω...

βασιλεύς

βασιλεία   × × × ×
βασίλειος   × — — ×
βασιλεύς   × × × ×
βασιλεύω   × — × ×
βασιλικός   × × — ×
βασίλισσα   × × — ×
συνβασιλεύω   — — × —

βάσις   cf. βαίνω

βαστάζω

βαστάζω   × × × ×
δυσβάστακτος   × — — —

-βατ-   cf. βαίνω

*βδέλυγμα...

*βέβαιος...

[βαίνω (?)]

*βέβηλος...

[βαίνω (?)]

*βελόνη

[βάλλω (?)]

βέλος   cf. βάλλω

*βέλτιον   cf. ἀγαθός

βῆμα   cf. βαίνω

βία

βία   — × — —
βιάζομαι   × — — —
βίαιος   — × — —
βιαστής   × — — —
παραβιάζομαι   × × — —

βιβάζω   cf. βαίνω

*βιβλ(αρίδιον)...

βιβρώσκω

βιβρώσκω   × — — —
βρῶμα   × — × ×
βρώσιμος   × — — —
βρῶσις   × — × ×
σητόβρωτος   — — — ×
σκωληκόβρωτος   — × — —

[*δελεάζω (?)]

βίος   cf. ζάω

βίος   × — × ×
βιόω   — — — ×
βίωσις   — × — —
βιωτικός   × — × —

Πατρόβας   — — × —

[*ὑγιαίνω...]

*βλαβερός...

    [*βλασφημέω... (?)]

*βλαστάνω...

*βλασφημέω...

    [*βλαβερός... (?)]

βλέπω

ἀναβλέπω	x	x	—	—
ἀνάβλεψις	x	—	—	—
ἀποβλέπω	—	—	—	x
βλέμμα	—	—	—	x
βλέπω	x	x	x	x
διαβλέπω	x	—	—	—
ἐμβλέπω	x	x	—	—
ἐπιβλέπω	x	—	—	x
περιβλέπομαι	x	—	—	—
προβλέπομαι	—	—	—	x

βλη- cf. βάλλω

βοάω

ἀναβοάω	x	—	—	—
βοάω	x	x	x	—
βοή	—	—	—	x

    [*βοήθεια...]

*βοήθεια...

    [βοάω]

*βόθυνος

    [βάπτω (?), *βάθος... (?)]

βολ- cf. βάλλω

βόσκω

βόσκω	x	—	—	—
βοτάνη	—	—	—	x

βούλομαι

βουλεύομαι	x	x	x	—
βουλευτής	x	—	—	—
βουλή	x	x	x	x
βούλημα	—	x	x	x
βούλομαι	x	x	x	x
ἐπιβουλή	—	x	—	—
συμβουλεύω	x	x	—	x
συμβούλιον	x	x	—	—
σύμβουλος	—	—	x	—
᾿Αριστόβουλος	—	—	x	—
Εὔβουλος	—	—	x	—

    [βάλλω (?)]

βραβεύω

βραβεῖον	—	—	x	—
βραβεύω	—	—	x	—
καταβραβεύω	—	—	x	—

*βραδύνω...

βραχύς

βραχίων	x	x	—	—
βραχύς	x	x	—	x

βρέχω

βρέχω	x	—	—	x
βροχή	x	—	—	—

    [*βρόχος (?)]

*(ἐμ)βριμάομαι

    [βαρύς (?) ὕβρις (?)]

βροχή cf. βρέχω

*βρόχος

[βρέχω (?)]

*βρυγμός...

βρω- cf. βιβρώσκω

βυθός

ἄβυσσος	×	—	×	×
βυθίζω	×	—	×	—
βυθός	—	—	×	—

[*βάθος... (?)]

βύσσινος cf. βύσσος

(ἄ)βυσσος cf. βυθός

βύσσος

βύσσινος	—	—	—	×
βύσσος	×	—	—	—
λευκοβύσσινος	—	—	—	×

*βωμός

[βαίνω (?)]

Γ

*γάγγραινα

[*γαστήρ]

*γάζα...

(ἀνά)γαιον, Γαῖος cf. γῆ

*γαλήνη

[γελάω]

*(ἐπι)γαμβρεύω

[γαμέω]

γαμέω

ἄγαμος	—	—	×	—
γαμέω	×	—	×	—
γαμίζω	×	—	×	—
γαμίσκομαι	×	—	—	—
γάμος	×	—	—	×

[*(ἐπι)γαμβρεύω]

γάρ

γάρ	×	×	×	×
τοιγαροῦν	—	—	×	×

[γε *ἄρα]

*γαστήρ

[*γάγγραινα]

γε

γε	×	×	×	—
εὖγε	×	—	—	—
καίτοιγε	×	—	—	—
μενοῦνγε	—	—	×	—
μήγε cf. εἰ δὲ μήγε				
μήτιγε	—	—	×	—

[γάρ]

(ἐπί)γειος cf. γῆ

γελάω				
γελάω	×	—	—	—
γέλως	—	—	—	×
καταγελάω	×	—	—	—
[*γαλήνη]				
γέμω				
γεμίζω	×	—	—	×
γέμω	×	—	×	×
γόμος	—	×	—	×

γεν- cf. γίνομαι

*γερουσία... cf. *γῆρας..., *γραώδης

γῆ				
ἀνάγαιον	×	—	—	—
γεωργέομαι	—	—	—	×
γεώργιον	—	—	×	—
γεωργός	×	—	×	×
γῆ	×	×	×	×
ἐπίγειος	×	—	×	×
Γαῖος	—	×	×	×

[Δημήτριος (?)]

*γῆρας... cf. *γερουσία..., *γραώδης

γίνομαι				
ἀγενεαλόγητος	—	—	—	×
ἀγενής	—	—	×	—
ἀλλογενής	×	—	—	—
ἀναγέννάω	—	—	—	×
ἀπογίνομαι	—	—	—	×
ἀρτιγέννητος	—	—	—	×
γενεά	×	×	×	×
γενεαλογέομαι	—	—	—	×
γενεαλογία	—	—	×	—
γενέσια	×	—	—	—

γένεσις	×	—	—	×
γενετή	×	—	—	—
γένημα	×	—	×	—
γεννάω	×	×	×	×
γέννημα	×	—	—	—
γεννητός	×	—	—	—
γένος	×	×	×	×
γίνομαι	×	×	×	×
γνήσιος	—	—	×	—
γνησίως	—	—	×	—
γονεῖς	×	—	×	—
διαγίνομαι	×	×	—	—
ἔκγονος	—	—	×	—
ἐπιγίνομαι	—	—	×	—
εὐγενής	×	×	×	—
ζωογονέω	×	×	×	—
μονογενής	×	—	—	×
παλινγενεσία	×	—	—	×
παραγίνομαι	×	×	×	×
προγίνομαι	—	—	—	×
πρόγονος	—	—	×	—
συγγένεια	×	×	—	—
συγγενεύς	—	—	×	—
συγγενής	×	×	×	—
συγγενίς	×	—	—	—
συνπαραγίνομαι	—	—	—	×
τεκνογονέω	—	—	×	—
τεκνογονία	—	—	×	—
Ἑρμογένης	—	—	×	—

γινώσκω				
ἀγνοέω	×	×	×	×
ἀγνόημα	—	—	—	×
ἄγνοια	—	×	×	×
ἀγνωσία	—	—	×	×
ἄγνωστος	—	×	—	—
ἀκατάγνωστος	—	—	—	×
ἀναγινώσκω	×	×	×	×
ἀναγνωρίζομαι	—	—	—	×
ἀνάγνωσις	—	—	—	×
γινώσκω	×	×	×	×
γνώμη	—	×	×	×
γνωρίζω	×	×	×	×
γνῶσις	×	—	×	×
γνώστης	—	×	—	—

γνωστός	×	×	×	—	
διαγινώσκω	—	×	—	—	
διάγνωσις	—	×	—	—	
ἐπιγινώσκω	×	×	×	×	
ἐπίγνωσις	—	—	×	×	
καρδιογνώστης	—	×	—	—	
καταγινώσκω	—	—	×	×	
προγινώσκω	—	×	×	×	
πρόγνωσις	—	×	—	×	
συνγνώμη	—	—	×	—	

*γλεῦκος...

γλῶσσα

γλῶσσα	×	×	×	×
γλωσσόκομον	×	—	—	—
ἑτερόγλωσσος	—	—	×	—

(γνάφος)

ἄγναφος	×	—	—	—
γναφεύς	×	—	—	—

γνησι- cf. γίνομαι

(ἀ)γνο- cf. γινώσκω

*γνόφος
  [*ζόφος (?)]

γνω- cf. γινώσκω

γογγύζω

γογγύζω	×	—	×	—
γογγυσμός	×	×	×	×
γογγυστής	—	—	—	×
διαγογγύζω	×	—	—	—

γόμος cf. γέμω

γον(ε,ι,ο)- cf. γίνομαι

*γόνυ...

  [γωνία]

γράφω

ἀγράμματος	—	×	—	—
ἀπογραφή	×	×	—	—
ἀπογράφομαι	×	—	—	×
γράμμα	×	×	×	—
γραμματεύς	×	×	×	—
γραπτός	—	—	×	—
γραφή	×	×	×	×
γράφω	×	×	×	×
ἐνγράφομαι	×	—	×	—
ἐπιγραφή	×	—	—	—
ἐπιγράφω	×	×	—	×
καταγράφω	×	—	—	—
προγράφω	—	—	×	×
ὑπογραμμός	—	—	—	×
χειρόγραφον	—	—	×	—

*γραώδης cf. *γερουσία..., *γῆρας...

(ζω)γρέω cf. ἄγρα

γρηγορέω cf. ἐγείρω

*γυμνάζω...

*γυναικάριον...

γωνία

ἀκρογωνιαῖος	—	—	×	×
γωνία	×	×	—	×
τετράγωνος	—	—	—	×

  [*γόνυ...]

Δ

δαίμων

δαιμονίζομαι	×	—	—	—
δαιμόνιον	×	×	×	×
δαιμονιώδης	—	—	—	×
δαίμων	×	—	—	—
δεισιδαιμονία	—	×	—	—
δεισιδαίμων	—	×	—	—

[δαπάνη (?), δῆμος (?)]

*δάκνω

[*ὀδούς (?)]

*δάκρυ...

δάκτυλος

δακτύλιος	×	—	—	—
δάκτυλος	×	—	—	—
χρυσοδακτύλιος	—	—	—	×

δαμάζω

δαμάζω	×	—	—	×
δάμαλις	—	—	—	×

[*Δάμαρις (?)]

*Δάμαρις

[δαμάζω (?)]

δάνιον

δάνειον cf. δάνιον				
δανίζω	×	—	—	—
δάνιον	×	—	—	—
δανιστής	×	—	—	—

[δίδωμι (?), δαπάνη (?)]

δαπάνη

ἀδάπανος	—	—	×	—
δαπανάω	×	×	×	×
δαπάνη	×	—	—	—
ἐκδαπανάομαι	—	—	×	—
προσδαπανάω	×	—	—	—

[δάνιον (?), δαίμων (?), δῆμος (?)]

-δε

ἐνθάδε	×	×	—	—

ὅδε (?)	×	×	—	×
τοιόσδε (?)	—	—	—	×
ὧδε (?)	×	×	×	×

[*δεῦρο..., δέ (?)]

δέ

δέ	×	×	×	×
ἐξουδενέω	×	—	—	—
ἐξουθενέω	×	×	×	—
μηδαμῶς	—	×	—	—
μηδέ	×	×	×	×
μηδείς	×	×	×	×
μηδέποτε	—	—	—	×
μηδέπω	—	—	—	×
μηθείς	—	×	—	—
οὐδαμῶς	×	—	—	—
οὐδέ	×	×	×	×
οὐδείς	×	×	×	×
οὐδέποτε	×	×	×	×
οὐδέπω	×	×	—	—
οὐθείς	×	×	×	—

[δή (?), -δε (?)]

δεη-, δεῖ cf. 2. δέω

(δείδω)

δεισιδαιμονία	—	×	—	—
δεισιδαίμων	—	×	—	—
δέος	—	—	—	×

δειλία	—	—	×	—
δειλιάω	×	—	—	—
δειλός	×	—	—	×

δεινῶς	×	—	—	—

[*δύο (?)]

δείκνυμι cf. δίκη

ἀναδείκνυμι	×	×	—	—
ἀνάδειξις	×	—	—	—
ἀποδείκνυμι	—	×	×	—
ἀπόδειξις	—	—	×	—
δεῖγμα	—	—	—	×
δειγματίζω	×	—	—	×
δεικνύω, δείκνυμι	×	×	×	×
ἔνδειγμα	—	—	×	—
ἐνδείκνυμαι	—	—	×	×
ἔνδειξις	—	—	×	—
ἐπιδείκνυμι	×	×	—	×
παραδειγματίζω	—	—	—	×
ὑπόδειγμα	×	—	—	×
ὑποδείκνυμι	×	×	—	—

δει(λ,ν)- cf. δείδω

-δειξις cf. δείκνυμι

*δειπνέω...

δεισι- cf. δείδω

*(παρά)δεισος

[τεῖχος]

δέκα

ἀποδεκατεύω	×	—	—	—
ἀποδεκατόω	×	—	—	×
δέκα	×	×	—	×
δεκαπέντε	×	×	×	—
δεκατέσσαρες	×	—	×	—

δεκάτη	—	—	—	×
δέκατος	×	×	—	×
δεκατόω	—	—	—	×
δώδεκα	×	×	×	×
δωδέκατος	—	—	—	×
δωδεκάφυλον	—	×	—	—
ἕνδεκα	×	×	—	—
ἑνδέκατος	×	—	—	×
πεντεκαιδέκατος	×	—	—	—
τεσσαρεσκαιδέκατος	—	×	—	—

δηνάριον	×	—	—	×

Δεκάπολις	×	—	—	—

[*εἴκοσι, ἑκατόν (?)]

δεκτός cf. δέχομαι

*δελεάζω

[βιβρώσκω (?), δόλος (?)]

(δέμω)

ἀνοικοδομέω	—	×	—	—
ἐνδώμησις	—	—	—	×
ἐποικοδομέω	—	—	×	×
οἰκοδομέω	×	×	×	×
οἰκοδομή	×	—	×	—
οἰκοδόμος	—	×	—	—
συνοικοδομέω	—	—	×	—

[δεσπότης (?), *δῶμα (?), Δημή-τριος (?)]

*δένδρον

[*Δρουσίλλα (?)]

*δεξιο(λάβος)...

[δέχομαι (?)]

δέος cf. δείδω

*δέρμα...

[*δρέπανον (?), λοιδορέω (?)]

δεσμ- cf. 1. δέω

δεσπότης

δεσπότης	×	×	×	×
οἰκοδεσποτέω	—	—	×	—
οἰκοδεσπότης	×	—	—	—

[δέμω (?)]

*δεῦρο...

[-δε]

*δευτεραῖος... cf. *δύο

[2. δέω]

δέχομαι

ἀναδέχομαι	—	×	—	×
ἀνένδεκτος	×	—	—	—
ἀπεκδέχομαι	—	—	×	—
ἀπόδεκτος	—	×	—	—
ἀποδέχομαι	×	×	—	—
ἀποδοχή	—	—	×	—
δεκτός	×	×	×	—
δέχομαι	×	×	×	×
διαδέχομαι	—	×	—	—
διάδοχος	—	×	—	—
δοχή	×	—	—	—
εἰσδέχομαι	—	—	×	—
ἐκδέχομαι	×	×	×	×
ἐκδοχή	—	—	—	×
ἐνδέχομαι	×	—	—	—
ἐπιδέχομαι	—	—	—	×
εὐπρόσδεκτος	—	—	×	×
ξενοδοχέω	—	—	×	—
πανδοχεῖον	×	—	—	—
πανδοχεύς	×	—	—	—
παραδέχομαι	×	×	×	×
προσδέχομαι	×	×	×	×
ὑποδέχομαι	×	×	—	×

[*δοκός, δοκέω, *(προσ)δοκάω..., *δε-
ξιο(λάβος)... (?)]

1. δέω

δεσμεύω	×	×	—	—
δέσμη	×	—	—	—
δέσμιος	×	×	×	×
δεσμός	×	×	×	×
δεσμοφύλαξ	—	×	—	—
δεσμωτήριον	×	×	—	—
δεσμώτης	—	×	—	—
δέω	×	×	×	×
διάδημα	—	—	—	×
καταδέω	×	—	—	—
συνδέομαι	—	—	—	×
σύνδεσμος	—	×	×	—
ὑποδέομαι	×	×	—	—
ὑπόδημα	×	×	—	—

(2. δέω)

δέησις	×	—	×	×
δεῖ	×	×	×	×
δέομαι	×	×	×	—
δέον cf. δεῖ				
ἐνδεής	—	×	—	—
περιδεόμαι	×	—	—	—
προσδέομαι	—	×	—	—

[δευτεραῖος..., δυσ- (?)]

δή

δή	×	×	×	×
δήποτε	×	—	—	—
δήπου	—	—	—	×
ἐπειδή	×	×	×	—
ἐπειδήπερ	×	—	—	—
ἤδη	×	×	×	×

[δέ (?)]

*δηλαυγῶς cf. αὐγή, (*τηλαυγῶς)

[δῆλος (!)]

δῆλος

ἄδηλος	×	—	×	—
ἀδηλότης	—	—	×	—

ἀδήλως	—	—	×	—
δῆλος	×	—	×	—
δηλόω	—	—	×	×
ἔκδηλος	—	—	×	—
κατάδηλος	—	—	—	×
πρόδηλος	—	—	×	×

[*δηλαυγῶς (!)]

-δημα cf. 1. δέω

Δημᾶς, -δημέω, δημηγορέω cf. δῆμος

Δημήτριος cf. μήτηρ
[γῆ (?), δέμω (?)]

δημιουργός cf. δῆμος

*(ἀ)δημονέω
[διδάσκω (?)]

δῆμος

ἀποδημέω	×	—	—	—
ἀπόδημος	×	—	—	—
δημηγορέω	—	×	—	—
δημιουργός	—	—	—	×
δῆμος	—	×	—	—
δημόσιος	—	×	—	—
ἐκδημέω	—	—	×	—
ἐνδημέω	—	—	×	—
ἐπιδημέω	—	×	—	—
παρεπίδημος	—	—	—	×
συνέκδημος	—	×	×	—

Δημᾶς	—	—	×	—
Νικόδημος	×	—	—	—

[δαίμων (?), δαπάνη (?)]

δηνάριον cf. δέκα

3

δι- cf. διά, δίς

διά

ἀδιάκριτος	—	—	—	×
ἀδιάλειπτος	—	—	×	—
ἀδιαλείπτως	—	—	×	—
ἀνεκδιήγητος	—	—	×	—
ἀντιδιατίθεμαι	—	—	×	—
ἀποδιορίζω	—	—	→	×
δι-				
διά	×	×	×	×
δια-				
ἐκδιηγέομαι	—	×	—	—
ἐπιδιατάσσομαι	—	×	—	—
ἐπιδιορθόω	—	—	×	—

[δίς]

(Εὐ)δία cf. Ζεύς

διακόσιοι cf. δίς

διδάσκω

διδακτικός	—	—	×	—
διδακτός	×	—	×	—
διδασκαλία	×	—	×	—
διδάσκαλος	×	×	×	×
διδάσκω	×	×	×	×
διδαχή	×	×	×	×
ἑτεροδιδασκαλέω	—	—	×	—
θεοδίδακτος	—	--	×	—
καλοδιδάσκαλος	—	—	×	—
νομοδιδάσκαλος	×	×	×	—
ψευδοδιδάσκαλος	—	—	—	×

[*(ἀ)δημονέω (?)]

(ἐν)διδύσκω cf. δύω

δίδωμι

ἀναδίδωμι	—	×	—	—
ἀνταποδίδωμι	×	—	×	×

ἀνταπόδομα	x — x —
ἀνταπόδοσις	— — x —
ἀποδίδωμι	x x x x
διαδίδωμι	x x — —
δίδωμι	x x x x
δόμα	x — x —
δόσις	— — x x
δότης	— — x —

δωρ- cf. infra

ἐκδίδομαι	x — — —
ἔκδοτος	— x — —
ἐπιδίδωμι	x x — —
εὐμετάδοτος	— — x —
μεταδίδωμι	x — x —
μισθαποδοσία	— — — x
μισθαποδότης	— — — x
παραδίδωμι	x x x x
παράδοσις	x — x —
πατροπαράδοτος	— — — x
προδίδωμι	— — x —
προδότης	x x — —

δωρεά	x x x x
δωρεάν	x — x x
δωρέομαι	x — — x
δώρημα	— — x x
δῶρον	x — x x

[δάνιον (?), δοῦλος (?)]

δίκη cf. δείκνυμι

ἀδικέω	x x x x
ἀδίκημα	— x — x
ἀδικία	x x x x
ἄδικος	x x x x
ἀδίκως	— — — x
ἀντίδικος	x — — x
δικαιοκρισία	— — x —
δίκαιος	x x x x
δικαιόω	x x x x
δικαίωμα	x — x x
δικαίως	x — x —
δικαίωσις	— — x —
δικαστής	— x — —
δίκη	— x x x
ἐκδικέω	x — x x
ἐκδίκησις	x x x x

ἔκδικος	— — x —
ἔνδικος	— — x x
καταδικάζω	x — — x
καταδίκη	— x — —
ὑπόδικος	— — x —

Λαοδικεύς	— — x —
Λαοδικία	— — x x

Διο- cf. Ζεύς

δίς cf. *δύο

διακόσιοι	x x — x
δίδραχμον	x — — —
διετής	x — — —
διετία	— x — —
διθάλασσος	— x — —
δίλογος	— — x —
διπλόος	x — x x
διπλόω	— — — x
δίς	x — x x
δισμυριάς cf. δίς	
διστάζω	x — — —
δίστομος	— — — x
δισχίλιοι	x — — —
διχάζω	x — — —
διχοστασία	— — x —
διχοτομέω	x — — —
δίψυχος	— — — x

Δίδυμος	x — — —

[διά]

*διψάω...

διώκω

διωγμός	x x x —
διώκτης	— — x —
διώκω	x x x x
ἐκδιώκω	x — x —
καταδιώκω	x — — —

δογμ- cf. δοκέω

*(προσ)δοκάω...
  [δέχομαι, δοκέω]

δοκέω

ἀποκαραδοκία	—	—	×	—
δόγμα	×	×	×	—
δογματίζομαι	—	—	×	—
δοκέω	×	×	×	×
δοκιμ- cf. infra				
δόξα	×	×	×	×
δοξάζω	×	×	×	×
ἐνδοξάζομαι	—	—	×	—
ἔνδοξος	×	—	×	—
εὐδοκέω	×	—	×	×
εὐδοκία	×	—	×	—
κενοδοξία	—	—	×	—
κενόδοξος	—	—	×	—
παράδοξος	×	—	—	—
συνδοξάζω	—	—	×	—
συνευδοκέω	×	×	×	—
ἀδόκιμος	—	—	×	×
ἀποδοκιμάζω	×	—	—	×
δοκιμάζω	×	—	×	×
δοκιμασία	—	—	—	×
δοκιμή	—	—	×	—
δοκίμιον	—	—	—	×
δόκιμος	—	—	×	×

  [δέχομαι, *(προσ)δοκάω...]

δοκιμ- cf. δοκέω

*δοκός
  [δέχομαι]

δόλος

ἄδολος	—	—	—	×
δόλιος	—	—	×	—
δολιόω	—	—	×	—
δόλος	×	×	×	×
δολόω	—	—	×	—

  [*δελεάζω (?)]

δόμα cf. δίδωμι

-δομέω, -ή, -ος cf. δέμω

δοξ- cf. δοκέω

*Δορκάς
  [*δράκων]

δο(σ,τ)- cf. δίδωμι

δοῦλος

δουλαγωγέω	—	—	×	—
δουλεία	—	—	×	×
δουλεύω	×	×	×	—
δούλη	×	×	—	—
δοῦλος adj.	—	—	×	—
δοῦλος subst.	×	×	×	×
δουλόω	—	×	×	×
καταδουλόω	—	—	×	—
ὀφθαλμοδουλία	—	—	×	—
σύνδουλος	×	—	×	×

  [δίδωμι (?)]

δοχ- cf. δέχομαι

*δράκων
  [*Δορκάς]

δράσσομαι

δράσσομαι	—	—	×	—
δίδραχμον	×	—	—	—
δραχμή	×	—	—	—

δραχμ- cf. δράσσομαι

*δρέπανον

[*δέρμα...]

δρόμος cf. τρέχω

δρόμος	—	×	×	—
εὐθυδρομέω	—	×	—	—
πρόδρομος	—	—	—	×
συνδρομή	—	×	—	—

*Δρουσίλλα

[*δένδρον (?)]

(ἔν)δυμα cf. δύω

δύναμαι

ἀδυνατέω	×	—	—	—
ἀδύνατος	×	×	×	×
δύναμαι	×	×	×	×
δύναμις	×	×	×	×
δυναμόω	—	—	×	×
δυνάστης	×	×	×	—
δυνατέω	—	—	×	—
δυνατός	×	×	×	×
ἐνδυναμόω	—	×	×	—
καταδυναστεύω	—	×	—	×

δύνω cf. δύω

*δύο cf. δίς, *δευτεραῖος..., *δώδεκα...

[δείδω (?)]

δυσ-

δυσβάστακτος	×	—	—	—
δυσεντέριον	—	×	—	—
δυσερμήνευτος	—	—	—	×
δύσκολος	×	—	—	—
δυσκόλως	×	—	—	—
δυσνόητος	—	—	—	×

δυσφημέω	—	—	×	—
δυσφημία	—	—	×	—

[2. δέω (?)]

(δύω)

ἀπεκδύομαι	—	—	×	—
ἀπέκδυσις	—	—	×	—
δύνω	×	—	—	—
δυσμή	×	—	—	×
ἐκδύω	×	—	×	—
ἐνδιδύσκω	×	—	—	—
ἔνδυμα	×	—	—	—
ἐνδύνω	—	—	×	—
ἔνδυσις	—	—	—	×
ἐνδύω	×	×	×	×
ἐπενδύομαι	—	—	×	—
ἐπενδύτης	×	—	—	—
ἐπιδύω	—	—	×	—
παρεισδύω	—	—	—	×

*δώδεκα... cf. *δύο

*δῶμα

[δέμω (?), δεσπότης (?)]

(ἐν)δώμησις cf. δέμω

δωρ- cf. δίδωμι

E

ἑ-

[ἑαυτοῦ, ἡλικία, *ἕκαστος... (?), *ἑταῖρος (?), *ἴδιος... (?), ἰσχύς (?)]

*ἕα

[ἐάω (?)]

ἐάν cf. εἰ ἄν

ἑαυτοῦ cf. αὐτός

  [ἑ-]

ἐάω

ἐάω	×	×	×	—
προσεάω	—	×	—	—

  [*ἔα (?)]

ἑβδομ- cf. ἑπτά

ἐγγίζω cf. ἐγγύς

*ἔγγυος

  [ἐν, ἐγγύς (?)]

ἐγγύς

ἐγγίζω	×	×	×	×
ἐγγύς	×	×	×	×
προσεγγίζω	×	—	—	—

  [*ἔγγυος (?), εἷς (?), ἐν (?)]

ἐγείρω

γρηγορέω	×	×	×	×
διαγρηγορέω	×	—	—	—
διεγείρω	×	—	—	×
ἐγείρω	×	×	×	×
ἔγερσις	×	—	—	—
ἐξεγείρω	—	—	×	—
ἐπεγείρω	—	×	—	—
συνεγείρω	—	—	×	—

ἐγώ

ἐγώ	×	×	×	×
κἀγώ	×	×	×	×

ἐμαυτοῦ	×	×	×	—
ἐμός	×	—	×	×
ἡμέτερος	×	×	×	×

*ἐδαφίζω...

  [ἕζομαι (?)]

ἑδρ- cf. ἕζομαι

(ἕζομαι) cf. ἧμαι

ἀφεδρών	×	—	—	—
ἑδραῖος	—	—	×	—
ἑδραίωμα	—	—	×	—
ἐνέδρα	—	×	—	—
ἐνεδρεύω	×	×	—	—
εὐπάρεδρος	—	—	×	—
καθ- cf. infra				
παρεδρεύω	—	—	×	—
συνέδριον	×	×	—	—

ἀνακαθίζω	×	×	—	—
ἐπικαθίζω	×	—	—	—
καθέδρα	×	—	—	—
καθέζομαι	×	×	—	—
καθίζω	×	×	×	×
παρακαθέζομαι	×	—	—	—
πρωτοκαθεδρία	×	—	—	—
συνκαθίζω	×	—	×	—

  [*ἐδαφίζω...(?), ἧ(μαι)(?), *πιάζω...(?)]

*(ἀμφι)έζω cf. (ἀμφι)έννυμι

ἐθελ- cf. θέλω

ἐθίζω cf. ἔθος

*ἐθν(άρχης)...

  [ἔθος (?)]

ἔθος

ἐθίζω	×	—	—	—
ἔθος	×	×	—	×
εἴωθα	×	×	—	—

ἦθος	—	—	×	—
κακοήθεια	—	—	×	—
συνήθεια	×	—	×	—

[*ἐθν(άρχης)... (?)]

εἰ

ἐάν	×	×	×	×
ἐὰν μή	×	×	×	×
ἐάνπερ	—	—	—	×
εἰ	×	×	×	×
εἰ μή	×	×	×	×
εἰ οὐ	×	×	×	×
εἴπερ	—	—	×	—
εἴπως cf. εἰ				
εἴτε	—	—	×	×
εἴ τις	×	×	×	×
κἄν	×	×	×	×
ὡσεί	×	×	×	×
ὡσπερεί	—	—	×	—

[εἶτα, ἐπεί]

εἶδον cf. εἴδωλον, ὁράω

εἰδέα	×	—	—	—
εἶδον	×	×	×	×
εἶδος	×	—	×	—
ἐπεῖδον	×	×	—	—
ἴδε	×	—	×	—
ἰδού	×	×	×	×
προεῖδον	—	×	×	—
οἶδα	×	×	×	×
συνείδησις	—	×	×	×
συνεῖδον	—	×	×	—
σύνοιδα cf. συνεῖδον				
ὑπερεῖδον	—	×	—	—

[*ἱστορέω, *ᾅδης (!)]

εἴδωλον cf. εἶδον

εἰδώλιον	—	—	×	—
εἰδωλόθυτος	—	×	×	×
εἰδωλολατρία	—	—	×	×
εἰδωλολάτρης	—	—	×	×
εἴδωλον	—	×	×	×
κατείδωλος	—	×	—	—

*εἰκῆ

[εἴκω (?), ἑκών (?), *ἕνεκα (?)]

(ἐπι)εικ(η,ι)- cf. ἔοικα

*εἴκοσι

[δέκα, ἑκατόν etc.]

εἴκω

εἴκω	—	—	×	—
ὑπείκω	—	—	—	×

[*εἰκῆ (?)]

εἰκών cf. ἔοικα

*(ἐν)ειλέω

[ἑλίσσω, *(συν)αλίζομαι (?)]

*εἰλικρινής...

[*ἥλιος (?) κρίνω (?)]

εἰλίσσω cf. ἑλίσσω

εἰμί

ἄπειμι	—	—	×	—
ἀπουσία	—	—	×	—
γερουσία	—	×	—	—
εἰμί	×	×	×	×
ἔνειμι	×	—	—	—
ἔνι	—	—	×	×
ἔξεστιν	×	×	×	—
ἐξόν cf. ἔξεστιν				
ἐξουσία	×	×	×	×
ἐξουσιάζω	×	—	×	—
κατεξουσιάζω	×	—	—	—
ὄντως	×	—	×	—
οὐσία	×	—	—	—

πάρειμι	×	×	×	×
παρουσία	×	—	×	×
περιούσιος	—	—	×	—
σύνειμι	×	×	—	—
συνπάρειμι	—	×	—	—

[*ἐπιούσιος (?), ἐτάζω (?)]

(εἶμι)

ἄπειμι	—	×	—	—
ἀπρόσιτος	—	—	×	—
εἴσειμι	—	×	—	×
ἔξειμι	—	×	—	—
ἔπειμι	—	×	—	—
σύνειμι	×	—	—	—

[*ἐπιούσιος (?)]

*εἴνεκεν cf. *ἕνεκα

εἶπον cf. λέγω, ἐρῶ

ἀντεῖπον (cf. ἀντιλέγω)	×	×	—	—
ἀπεῖπον	—	—	×	—
εἶπον (cf. λέγω, ἐρῶ)	×	×	×	×
ἔπος	—	—	—	×
προεῖπον (cf. προ-λέγω, -ερῶ)	—	×	×	—

*εἰρηνεύω...

εἰς

εἰς	×	×	×	×
εἰσ-				
ἐπεισαγωγή	—	—	—	×
ἐπεισέρχομαι	×	—	—	—
ἔσοπτρον	—	—	×	×
ἔσω	×	×	×	—
ἔσωθεν	×	—	×	×
ἐσώτερος	—	×	—	×
παρεισάγω	—	—	—	×
παρείσακτος	—	—	×	—
παρεισδύω	—	—	—	×
παρεισέρχομαι	—	—	×	—
παρεισφέρω	—	—	—	×
συνεισέρχομαι	×	—	—	—

[ἐν, *σκύβαλον (?)]

εἷς

εἷς	×	×	×	×
ἕνδεκα	×	×	—	—
ἑνδέκατος	×	—	—	×
ἑνότης	—	—	×	—
ἐξουδενέω	×	—	—	—
ἐξουθενέω	×	×	×	—
μηδείς	×	×	×	×
μηθείς	—	×	—	—
οὐδείς	×	×	×	×
οὐθείς	×	×	×	—

[ἁ-, ἐγγύς (?), ἑκατόν (?), *ἕνεκα (?)]

εἶτα

εἶτα	×	—	×	×
εἶτεν	×	—	—	—
ἔπειτα	×	—	×	×
μετέπειτα	—	—	—	×

[εἰ]

εἴωθα cf. ἔθος

ἐκ

ἀνεκδιήγητος	—	—	×	—
ἀνεκλάλητος	—	—	—	×
ἀνέκλειπτος	×	—	—	—
ἀνεξεραύνητος	—	—	×	—
ἀνεξιχνίαστος	—	—	×	—
ἀπεκδέχομαι	—	—	×	×
ἀπεκδύομαι	—	—	×	—
ἀπέκδυσις	—	—	×	—
διέξοδος	×	—	—	—
ἐκ, ἐξ	×	×	×	×
ἐκ-				
ἐκτός	×	×	×	—
ἐξ-				
ἔξω	×	×	×	×
ἔξωθεν	×	—	×	×
ἐξώτερος	×	—	—	—
ἐπεκτείνομαι	—	—	—	×
κατεξουσιάζω	×	—	—	—
παρεκτός	×	×	×	—
συνέκδημος	—	×	×	—

συνεκλεκτός	—	—	—	×
ὑπερεκπερισσοῦ	—	—	×	—
ὑπερεκπερισσῶς	—	—	×	—
ὑπερεκτείνω	—	—	×	—
ὑπερεκχύννομαι	×	—	—	—

[*ἔσχατος...]

*ἕκαστος...

[ἑ-, ἑκών (?) τίς (?)]

ἑκατόν

ἑκατόν	×	×	—	×
ἑκατονταετής	—	—	×	—
ἑκατονταπλασίων	×	—	—	—
ἑκατοντάρχης	×	×	—	—
κεντυρίων	×	—	—	—

[εἷς (?), ἁ- (?) ; δέκα, *εἴκοσι ; -κοντα,
-κόσιοι, *(πεντη)κοστή]

ἐκεῖ

ἐκεῖ	×	×	×	×
ἐκεῖθεν	×	×	—	×
ἐκεῖνος	×	×	×	×
ἐκεῖσε	—	×	—	—
ἐπέκεινα	—	×	—	—
κἀκεῖ	×	×	—	—
κἀκεῖθεν	×	×	—	—
κἀκεῖνος	×	×	×	×
ὑπερέκεινα	—	—	×	—

[σήμερον]

ἑκουσι- cf. ἑκών

-εκτ-έω, -ης, -ος cf. ἔχω

ἐκτός, (παρ)εκτός cf. ἐκ

ἕκτος cf. ἕξ

ἑκών

ἄκων	—	—	×	—
ἑκούσιος	—	—	×	—
ἑκουσίως	—	—	—	×
ἑκών	—	—	×	—

[*ἕνεκα, *εἰκῇ (?), *ἕκαστος... (?)]

ἐλαία

ἀγριέλαιος	—	—	×	—
ἐλαία	×	—	×	×
ἔλαιον	×	—	×	—
ἐλαιών	×	×	—	—
καλλιέλαιος	—	—	×	—

ἐλα(σσ,ττ)- cf. ἐλαχύς

ἐλαύνω

ἀπελαύνω	—	×	—	—
ἐλαύνω	×	—	—	×

*ἐλαφρία...

[ἐλαχύς (?)]

(ἐλαχύς) cf. *ὀλίγο(πιστία)...

ἐλάσσων	×	—	×	×
ἐλαττονέω	—	—	×	—
ἐλαττόω	×	—	—	×
ἐλάχιστος	×	—	×	×

[*ἐλαφρία... (?)]

ἐλεάω cf. ἔλεος

ἐλέγχω

ἀπελεγμός	—	×	—	—
διακατελέγχομαι	—	×	—	—
ἐλεγμός	—	—	×	—
ἔλεγξις	—	—	—	×

ἔλεγχος — — — ×
ἐλέγχω × — × ×

ἔλε(ε,η)- cf. ἔλεος

(ἑλεῖν) cf. αἱρέω

[ἁλίσκομαι (?)]

ἔλεος

ἀνελεήμων — — × —
ἀνέλεος — — — ×
ἐλεάω cf. ἐλεέω
ἐλεεινός — — × ×
ἐλεέω × — × ×
ἐλεημοσύνη × × — —
ἐλεήμων × — — ×
ἔλεος × — × ×

ἐλεύθερος

ἀπελεύθερος — — × —
ἐλευθερία — — × ×
ἐλεύθερος × — × ×
ἐλευθερόω × — × —

[*ἔλευσις (?)]

*ἔλευσις cf. ἐλθεῖν

[ἐλεύθερος (?)]

ἐλθεῖν cf. *ἔλευσις, ἔρχομαι

ἑλίσσω

εἱλίσσω cf. ἑλίσσω
ἕλιγμα × — — —
ἑλίσσω — — — ×

[*(ἐν)ειλέω]

*ἑλκόομαι...

ἕλκω

ἑλκύω × × — —
ἕλκω — × — ×
ἐξέλκομαι — — — ×

ἐλπίς

ἀπελπίζω × — — —
ἐλπίζω × × × ×
ἐλπίς — × × ×
προελπίζω — — × —

ἐμαυτοῦ cf. ἐγώ αὐτός

ἐμός cf. ἐγώ

ἐν cf. ἔναντι

αἱματεγχυσία — — — ×
ἀμφιέννυμι × — — —
ἀνέγκλητος — — × —
ἀνένδεκτος × — — —
διενθυμέομαι — × — —
δυσεντέριον — × — —
ἐγ-
ἐλ-
ἐ,ι-
ἐν × × × ·×
ἐν-
ἐντός × — — —
ἐπενδύομαι — — × —
ἐπενδύτης × — — —
ἐσθής × × — ×
ἔσθησις — × — —
κατενώπιον — — × ×
παρεμβάλλω × — — —
παρεμβολή — × — ×
παρενοχλέω — × — —
προενάρχομαι — — × —
ὑπερεντυγχάνω — — × —

[*ἔγγυος, εἰς, *ἀτενίζω (?), ἐγγύς (?),
*ἕνεκα (?), ἐννέα (?)]

ἐνάλιος cf. ἅλς

ἔναντι

ἀπέναντι	×	×	×	—
ἔναντι	×	×	—	—
ἐναντίον	×	×	—	—
ἐναντίος	×	×	×	—
κατέναντι	×	—	×	—
τοὐναντίον	—	—	×	×
ὑπεναντίος	—	—	×	×

  [ἐν ἀντί]

ἔνατος cf. ἐννέα

ἐνεγκεῖν cf. ὄγκος, φέρω
  [*(δι)ηνεκής]

*ἕνεκα, *ἕνεκεν, *εἵνεκεν
  [ἑκών, *εἰκῇ (?), εἷς (?), ἐν (?)]

ἐνενήκοντα cf. ἐννέα

(ἔνθα)

ἐνθάδε	×	×	—	—
ἔνθεν	×	—	—	—
ἐντεῦθεν	×	—	—	×

*ἐνιαυτός
  [αὐλή (?)]

ἐννέα

ἔνατος	×	×	—	×
ἐνενήκοντα	×	—	—	—
ἐννέα	×	—	—	—

  [ἐν (?)]

(ἕννυμι) cf. *(ἀμφι)(ά,έ)ζω

ἀμφιέννυμι	×	—	—	—
ἐσθής	×	×	—	×

ἔσθησις — × — —

ἱματίζω	×	—	—	—
ἱμάτιον	×	×	—	×
ἱματισμός	×	×	×	—

ἑνότης cf. εἷς

*(αὐθ)εντέω cf. *(δι)ανύω

ἐξ cf. ἐκ

ἐξ- cf. ἔχω

ἕξ

ἕκτος	×	×	—	×
ἕξ	×	×	—	×
ἑξακόσιοι	—	—	—	×
ἑξήκοντα	×	—	×	×

  [*ξέστης]

ἐξόν cf. εἰμί

ἔοικα

εἰκών	×	—	×	×
ἔοικα	—	—	—	×
ἐπιεικής	—	—	×	×
ἐπιεικία	—	×	×	—

*ἑορτάζω...

ἐπεί

ἐπάν	×	—	—	—
ἐπεί	×	×	×	×
ἐπειδή	×	×	×	—
ἐπειδήπερ	×	—	—	—

  [εἰ]

ἐπί

ἀλλοτριεπίσκοπος	—	—	—	×
ἀνεπαίσχυντος	—	—	×	—
ἀνεπίλημπτος	—	—	×	—
ἐπ-				
ἐπί	×	×	×	×
ἐπι-				
ἐφ-				
κατεφίστημι	—	×	—	—
μετέπειτα	—	—	—	×
παρεπίδημος	—	—	—	×
προεπαγγέλλομαι	—	—	×	—
συνεπιμαρτυρέω	—	—	—	×
συνεπιτίθεμαι	—	×	—	—
συνεφίστημι	—	×	—	—

[ὀπ(ι)-, *πιάζω... (?)]

*ἐπιούσιος

[εἰμί (?), εἶμι (?)]

ἐπισκοπ- cf. σκέπτομαι

ἐπιστ(α,η)μ- cf. ἵστημι

(ἕπομαι)

συνέπομαι	—	×	—	—
Σέκουνδος	—	×	—	—

ἔπος cf. εἶπον

ἑπτά

ἑβδομήκοντα	×	×	—	—
ἑβδομηκοντάκις	×	×	—	—
ἕβδομος	×	—	—	×
ἑπτά	×	×	—	×
ἑπτάκις	×	—	—	—
ἑπτακισχίλιοι	—	—	×	—
ἑπταπλασίων	×	—	—	—

ἐραυνάω

ἀνεξεραύνητος	—	—	×	—
ἐξεραυνάω	—	—	—	×
ἐραυνάω	×	—	×	×

[ἐρῶ, ἐρωτάω]

ἔργον

ἀγαθοεργέω	—	—	×	—
ἀγαθουργέω	—	×	—	—
ἀμπελουργός	×	—	—	—
ἀργέω	—	—	—	×
ἀργός	×	—	×	×
γεωργέομαι	—	—	—	×
γεώργιον	—	—	×	—
γεωργός	×	—	×	×
δημιουργός	—	—	—	×
ἐνέργεια	—	—	×	—
ἐνεργέω	×	—	×	×
ἐνέργημα	—	—	×	—
ἐνεργής	—	—	×	×
ἐργάζομαι	×	×	×	×
ἐργασία	×	×	×	—
ἐργάτης	×	×	×	×
ἔργον	×	×	×	×
εὐεργεσία	—	×	×	—
εὐεργετέω	—	×	—	—
εὐεργέτης	×	—	—	—
ἱερουργέω	—	—	×	—
κακοῦργος	×	—	×	—
καταργέω	×	—	×	×
κατεργάζομαι	—	—	×	×
λειτουργέω	—	×	×	×
λειτουργία	×	—	×	×
λειτουργικός	—	—	—	×
λειτουργός	—	×	×	×
οἰκουργός	—	—	×	—
πανουργία	×	—	×	—
πανοῦργος	×	—	—	—
περιεργάζομαι	—	—	×	—
περίεργος	—	×	×	—
προσεργάζομαι	×	—	—	—
ῥαδιούργημα	—	×	—	—
ῥαδιουργία	—	×	—	—
συνεργέω	×	—	×	×

συνεργός	—	—	×	×
συνυπουργέω	—	—	×	—

*ἐρεθίζω

[ἔρχομαι (?), ὁρμή (?), *κονιορτός (?)]

*ἐρημία...

ἐρι(ζ,θ)- cf. ἔρις

*ἔριον

[ἀρήν (?)]

ἔρις

ἐρίζω	×	—	—	—
ἐριθία	—	—	×	×
ἔρις	—	—	×	—

*ἐρίφιον...

Ἑρμᾶς cf. Ἑρμῆς

ἑρμηνεύω

διερμηνευτής	—	—	×	—
διερμηνεύω	×	×	×	—
δυσερμήνευτος	—	—	—	×
ἑρμηνία	—	—	×	—
ἑρμηνευτής	—	—	×	—
ἑρμηνεύω	×	—	—	×
μεθερμηνεύομαι	×	×	—	—

[Ἑρμῆς (?)]

Ἑρμῆς

Ἑρμᾶς	—	—	×	—
Ἑρμῆς	—	×	×	—
Ἑρμογένης	—	—	×	—

[ἑρμηνεύω (?)]

*ἕρπετόν

[ῥέω, ἔρχομαι]

*ἐρυθρός

[*Ῥοῦφος]

ἔρχομαι cf. ἐλθεῖν, *ἔλευσις

ἀνέρχομαι	×	—	×	—
ἀντιπαρέρχομαι	×	—	×	—
ἀπέρχομαι	×	×	×	×
διέρχομαι	×	×	×	×
εἰσέρχομαι	×	×	×	×
ἐξέρχομαι	×	×	×	×
ἐπανέρχομαι	×	—	×	—
ἐπεισέρχομαι	×	—	—	—
ἐπέρχομαι	×	×	×	×
ἔρχομαι	×	×	×	×
κατέρχομαι	×	×	×	—
παρεισέρχομαι	—	—	×	—
παρέρχομαι	×	×	×	×
περιέρχομαι	—	×	×	×
προέρχομαι	×	—	×	—
προσέρχομαι	×	×	×	×
προσήλυτος	×	—	×	×
συνεισέρχομαι	×	—	—	—
συνέρχομαι	×	×	×	—

[ῥέω, *ἕρπετόν, *ἐρεθίζω (?), ὁρμή (?), ὄρος (?), *ὀρχέομαι (?)]

ἐρῶ cf. λέγω, εἶπον

ἀναντίρρητος	—	×	—	—
ἀναντιρρήτως	—	×	—	—
ἄρρητος	—	—	×	—
ἐρῶ (cf. λέγω)	×	×	×	×
παρρησία	×	×	×	×
παρρησιάζομαι	—	×	×	—
προερῶ (cf. προ-λέγω, -εἶπον)	×	—	×	×
ῥῆμα	×	×	×	×
ῥήτωρ	—	×	×	—
ῥητῶς	—	—	×	—

[ἐραυνάω, ἐρωτάω]

ἐρωτάω

διερωτάω	—	×	—	—
ἐπερωτάω	×	×	×	—
ἐπερώτημα	—	—	—	×
ἐρωτάω	×	×	×	×

[ἐρῶ, ἐραυνάω]

ἐσθη- cf. ἕννυμι

ἐσθίω cf. φαγεῖν

ἐσθίω	×	×	×	×
κατεσθίω	×	—	×	×
συνεσθίω	×	×	×	—

[ἄριστον, *νηστεία...]

-εσις cf. ἵημι

*ἑσπέρα...

[ἡμέρα (?)]

*ἔσχατος...

[ἐκ]

(ἐτάζω)

ἀνετάζω	—	×	—	—
ἐξετάζω	×	—	—	—

[εἰμί (?), ὅσιος (?)]

*ἑταῖρος

[ἑ- (?)]

*ἑτερό(γλωσσος)...

[ἀ-]

-ετής cf. ἔτος

ἔτι

ἔτι	×	×	×	×
μηκέτι	×	×	×	×
οὐκέτι	×	×	×	×

-ετία cf. ἔτος

ἕτοιμος

ἑτοιμάζω	×	×	×	×
ἑτοιμασία	—	—	×	—
ἕτοιμος	×	×	×	×
ἑτοίμως	—	×	×	×
προετοιμάζω	—	—	×	—

-ετος cf. ἵημι

ἔτος

διετής	×	—	—	—
διετία	—	×	—	—
ἑκατονταετής	—	—	×	—
ἔτος	×	×	×	×
τεσσαρακονταετής	—	×	—	—
τριετία	—	×	—	—

[*πέρυσι (?)]

εὖ

ἀνεύθετος	—	×	—	—
ἐνευλογέομαι	—	×	×	—
εὖ	×	×	×	—
εὐ-				
κατευλογέω	×	—	—	—
προευαγγελίζομαι	—	—	×	—
συνευδοκέω	×	×	×	—
συνευωχέομαι	—	—	—	×

[*ὑγιαίνω...]

Εὐδία cf. Ζεύς

εὐθύς

εὐθέως	×	×	× ×
εὐθυδρομέω	—	×	— —
εὐθύνω	×	—	— ×
εὐθύς adj.	×	×	× ×
εὐθύς adv.	×	×	× —
εὐθύτης	—	—	— ×
κατευθύνω	×	—	× —

*εὐνουχίζω...

*Εὐρακύλων

    [*'Ακύλας (?)]

εὑρίσκω

ἀνευρίσκω	×	×	— —
εὑρίσκω	×	×	× ×
ἐφευρετής	—	—	× —

εὔχομαι

εὐχή	—	×	— ×
εὔχομαι	—	×	× ×
προσευχή	×	×	× ×
προσεύχομαι	×	×	× ×

ἐφνίδιος cf. αἴφνης

*ἔχθρα...

    [*(προσ)οχθίζω (?)]

*ἔχιδνα

    [*ὄφις (?)]

ἔχω

ἀνεκτός	×	—	— —
ἀνεξίκακος	—	—	× —
ἀνέχομαι	×	×	× ×
ἀνοχή	—	—	× —

ἀντέχομαι	×	—	× —
ἀπέχω	×	×	× ×
ἐνέχω	×	—	× —
ἔνοχος	×	—	× ×
ἐξῆς	×	×	— —
ἕξις	—	—	— ×
ἐξοχή	—	×	— —
ἐπέχω	×	×	× —
ἔχω	×	×	× ×
καθεξῆς	×	×	— —
κακουχέομαι	—	—	— ×
κατάσχεσις	—	×	— —
κατέχω	×	×	× ×
μετέχω	—	—	× ×
μετοχή	—	—	× —
μέτοχος	×	—	— ×
νουνεχῶς	×	—	— —
παρέχω	×	×	× —
περιέχω	×	—	— ×
περιοχή	—	×	— —
πλεονεκτέω	—	—	× —
πλεονέκτης	—	—	× —
πλεονεξία	×	×	× —
προέχομαι	—	—	× —
προσέχω	×	×	× ×
ῥαβδοῦχος	—	×	— —
συνευωχέομαι	—	—	— ×
συνέχω	×	×	× ×
συνκακουχέομαι	—	—	— ×
συνμέτοχος	—	—	× —
συνοχή	×	—	× —
σχεδόν	×	—	— ×
ὑπερέχω	—	—	× ×
ὑπεροχή	—	—	× ×
ὑπέχω	—	—	— ×

'Αντιόχεια	—	×	× —
'Αντιοχεύς	—	×	— —

[σχῆμα *σχολάζω..., *ἀγανακτέω... (?), ἰσχύς (?), *ὀχύρωμα (?)]

*(μετ)εωρίζομαι

    [αἴρω, *ἀήρ (?)]

*ἔως...

Z

ζάω cf. βίος

ἀναζάω	×	—	×	—
ἀναζωπυρέω	—	—	×	—
ζάω	×	×	×	×
ζωγρέω (cf. ἄγρα)	×	—	×	—
ζωή	×	×	×	×
ζωογονέω	×	×	×	×
ζῷον	—	—	—	×
ζωοποιέω	×	—	×	×
συνζάω	—	—	×	—
συνζωοποιέω	—	—	×	—

[*ὑγιαίνω...]

ζβέννυμι cf. σβέννυμι

ζεστός cf. ζέω

(ζεύγνυμι)

ἑτεροζυγέω	—	—	×	—
ζεῦγος	×	—	—	—
ζευκτηρία	—	×	—	—
ζυγός	×	×	×	×
συνζεύγνυμι	×	—	—	—
σύνζυγος	—	—	×	—
ὑποζύγιον	×	—	—	×

Ζεύς

Διονύσιος (?)	—	×	—	—
Διοπετής	—	×	—	—
Διόσκουροι	—	×	—	—
Διοτρέφης	—	—	—	×
Εὐδία	×	—	—	—
Ἰουλία	—	—	×	—
Ἰούλιος	—	×	—	—
Ζεύς	—	×	—	—
Ζηνᾶς	—	—	×	—

ζέω

ζεστός	—	—	—	×
ζέω	—	×	×	—

ζῆλος

ζηλεύω	—	—	—	×
ζῆλος	×	×	×	×
ζηλόω	—	×	×	×
ζηλωτής	×	×	×	×
παραζηλόω	—	—	×	—

[ζητέω (?), *ζημία... (?)]

*ζημία...

[ζῆλος (?), ζητέω (?)]

ζητέω

ἀναζητέω	×	×	—	—
ἐκζητέω	×	×	×	×
ἐκζήτησις	—	—	×	—
ἐπιζητέω	×	×	×	×
ζητέω	×	×	×	×
ζήτημα	—	—	×	—
ζήτησις	×	×	×	×
συνζητέω	×	×	—	—
συνζήτησις	—	—	×	—
συνζητητής	—	—	×	—

[ζῆλος (?), *ζημία... (?)]

*ζόφος

[*γνόφος (?)]

ζυγ- cf. ζεύγνυμι

ζύμη

ἄζυμος	×	×	×	—
ζύμη	×	—	×	—
ζυμόω	×	—	×	—

ζωγρέω, ζωή cf. ζάω

ζώννυμι

ἀναζώννυμαι	—	—	—	×
διαζώννυμι	×	—	—	—

ζώνη	×	×	—	×
ζώννυμι	×	×	—	—
περιζώννυμαι	×	—	×	×
ὑποζώννυμι	—	×	—	—

ζω(ο,π)- cf. ζάω

H

ἤ

ἤ	×	×	×	×
ἀλλ' ἤ	×	—	×	—
ἤ γάρ	×	—	—	—
ἤπερ	×	—	—	—
ἤτοι	—	—	×	—

[*ἤδη]

ἡγέομαι cf. -ηγός

ἀνεκδιήγητος	—	—	×	—
διηγέομαι	×	×	—	×
διήγησις	×	—	—	—
ἐκδιηγέομαι	—	×	—	—
ἐξηγέομαι	×	×	—	—
ἡγεμονία	×	—	—	—
ἡγεμών	×	×	—	×
ἡγέομαι	×	×	×	×
καθηγητής	×	—	—	—
ὁδηγέω	×	×	—	×
ὁδηγός	×	×	×	—
προηγέομαι	—	—	×	—

-ηγορ- cf. ἀγορά

-ηγός cf. ἄγω (ἀρχηγός), ἡγέομαι (ὁδηγός)

ἐπιχορηγέω	—	—	×	×
ἐπιχορηγία	—	—	×	—
στρατηγός	×	×	—	—
χορηγέω	—	—	×	×

[ἄγω (?), ἡγέομαι (?)]

-ηγ(υ,ω)ρ- cf. ἀγορά

ἡδέως cf. ἡδύς

*ἤδη

[(ἤ) δή]

(ἥδομαι) cf. ἡδύς

ἡδονή	×	—	×	×
συνήδομαι	—	—	×	—
φιλήδονος	—	—	×	—

[*(αὐθ)άδης, *ἀσμένως (?)]

(ἡδύς) cf. ἥδομαι

ἡδέως	×	—	×	—
ἥδιστα cf. ἡδέως				
ἡδύοσμον	×	—	—	—

-ήθεια, ἦθος cf. ἔθος

(ὑπ)ήκοος cf. ἀκούω

ἥκω cf. ἵκω

ἀνήκω	—	—	×	—
ἥκω	×	—	×	×
καθήκω	—	×	×	—

ἡλικία

ἡλικία	×	—	×	×
συνηλικιώτης	—	—	×	—

[ἑ- *ἡλίκος]

*ἡλίκος cf. *πηλίκος, *τηλικοῦτος

[ὅς ἡλικία]

*ἥλιος

  [*εἰλικρινής... (?)]

ἧλος

ἧλος	×	—	—	—
προσηλόω	—	—	×	—

(προσ)ήλυτος cf. ἔρχομαι

(ἧμαι) cf. ἕζομαι

κάθημαι	×	×	×	×
συνκάθημαι	×	×	—	—

  [ἑ(ζομαι) (?)]

ἡμέρα

ἐφημερία	×	—	—	—
ἐφήμερος	—	—	—	×
ἡμέρα	×	×	×	×
καθημερινός	—	×	—	—
μεσημβρία	—	×	—	—
νυχθήμερον	—	—	×	—
ὀκταήμερος	—	—	×	—
σήμερον	—	×	×	×

  [*ἑσπέρα... (?)]

ἡμέτερος cf. ἐγώ

ἡμι-

ἡμιθανής	×	—	—	—
ἥμισυς	×	—	—	×
ἡμίωρον	—	—	—	×

σιμικίνθιον	—	×	—	—

  [ἁ-]

*(δι)ηνεκής

  [ἐνεγκεῖν, ὄγκος]

*ἡνίκα

  [ὅς (?) (παρ)αυτίκα]

*ἤπιος

  [ἅπτω (?), *νηπιάζω... (?)]

*(ὑπ)ηρετέω...

ἥσσων

  ἡσσάομαι cf. ἡττάομαι

ἥσσων	—	—	×	—
ἡττάομαι	—	—	×	—
ἥττημα	—	—	×	—

*ἡσυχάζω...

ἡττ- cf. ἥσσων

*(ὑπερ)ηφανία...

  [φαίνω (?)]

*(κατ)ήφεια

  [ἅπτω (?)]

ἦχος

ἐξηχέομαι	—	—	×	—
ἠχέω	—	—	×	—
ἦχος	×	×	—	×
κατηχέω	×	×	×	—
προσαχέω	—	×	—	—

Θ

θάλασσα

διαθάλασσον	—	×	—	—
θάλασσα	×	×	×	×
παραθαλάσσιος	×	—	—	—

θάμβος

θάμβος

	1	2	3	4
ἐκθαμβέομαι	×	—	—	—
ἔκθαμβος	—	×	—	—
θαμβέομαι	×	—	—	—
θάμβος	×	×	—	—

θάνατος

	1	2	3	4
ἀθανασία	—	—	×	—
ἐπιθανάτιος	—	—	×	—
ἡμιθανής	×	—	—	—
θανάσιμος	×	—	—	—
θανατηφόρος	—	—	—	×
θάνατος	×	×	×	×
θανατόω	×	—	×	×
ἀποθνήσκω	×	×	×	×
θνήσκω·	×	×	×	—
θνητός	—	—	×	—
συναποθνήσκω	×	—	×	—

θάπτω

	1	2	3	4
ἐνταφιάζω	×	—	—	—
ἐνταφιασμός	×	—	—	—
θάπτω	×	×	×	—
συνθάπτομαι	—	—	×	—
ταφή	×	—	—	—
τάφος	×	—	×	—

θάρσος

	1	2	3	4
θαρρέω	—	—	×	—
θαρσέω	×	×	—	—
θάρσος	—	×	—	—

θαῦμα

	1	2	3	4
ἐκθαυμάζω	×	—	—	—
θαῦμα	—	—	×	×
θαυμάζω	×	×	×	×
θαυμάσιος	×	—	—	—
θαυμαστός	×	—	—	×

[θεάομαι]

θεά cf. θεός

θεάομαι cf. θεωρέω

	1	2	3	4
θεάομαι	×	×	×	×
θεατρίζομαι	—	—	—	×
θέατρον	—	×	×	—

[θαῦμα]

θει- cf. θεός

θέλω

	1	2	3	4
ἐθελοθρησκία	—	—	×	—
ἐθέλω cf. θέλω				
θέλημα	×	×	×	×
θέλησις	—	—	—	×
θέλω	×	×	×	×

-θεμα(-) cf. τίθημι

*θεμέλιος...

[τίθημι (?)]

*(ἀ)θέμιτος

[τίθημι, *Φῆστος (?)]

-θεν

	1	2	3	4
ἀλλαχόθεν	×	—	—	—
ἄνωθεν	×	×	×	×
ἐκεῖθεν	×	×	—	×
ἔμπροσθεν	×	×	×	×
ἔνθεν	×	—	—	—
ἐντεῦθεν	×	×	×	×
ἔξωθεν	×	—	×	×
ἔσωθεν	×	—	×	×
κἀκεῖθεν	×	×	—	—
κυκλόθεν	—	—	—	×
μακρόθεν	×	—	×	×
ὅθεν	×	×	—	×
ὄπισθεν	×	—	—	×

οὐρανόθεν	—	×	— —
παιδιόθεν	×	— — —
παντόθεν	×	— — ×
πόθεν	×	— — ×
πόρρωθεν	×	— — ×

θεός

ἄθεος	— — × —
θεά	— × — —
θεῖον	× — — ×
θεῖος	— × — —
θειότης	— — × —
θειώδης	— — — ×
θεοδίδακτος	— — × —
θεομάχος	— × — —
θεόπνευστος	— — × —
θεός	× × × ×
θεοσέβεια	— — × —
θεοσεβής	× — — —
θεοστυγής	— — × —
θεότης	— — × —
θεόφιλος	× × — —
φιλόθεος	— — × —

Θευδᾶς	— × — —
Τιμόθεος	— × × ×

*θεραπεία...

θερι- cf. θέρος

θέρμη

θερμαίνομαι	× — — ×
θέρμη	— × — —

[θέρος]

θέρος

θερίζω	× — × ×
θερισμός	× — — ×
θεριστής	× — — —
θέρος	× — — —

[θέρμη]

-θεσι- cf. τίθημι

(θεσμός)

ἄθεσμος	— — — ×
προθεσμία	— — × —

[τίθημι (?)]

*Θεσσαλονικεύς...

[*(ἐπι)ποθέω... (?)]

-θετ- cf. τίθημι

Θευδᾶς cf. θεός

θεωρέω cf. θεάομαι ὁράω

ἀναθεωρέω	— × — ×
θεωρέω	× × — ×
θεωρία	× — — —
παραθεωρέομαι	— × — —

θήκη cf. τίθημι

*θηλάζω

[*θῆλυς, *Φῆλιξ (?)]

*θῆλυς

[*θηλάζω, *Φῆλιξ (?)]

(ἀνά)θημα cf. τίθημι

*θήρα...

θησαυρός

ἀποθησαυρίζω	— — — ×
θησαυρίζω	× — × ×
θησαυρός	× — × ×

*θιγγάνω

[τεῖχος]

θλίβω

ἀποθλίβω	×	—	—	—
θλίβω	×	—	×	×
θλῖψις	×	×	×	×
συνθλίβω	×	—	—	—

θνη- cf. θάνατος

*θορυβάζω...

[*θρηνέω, *θροέομαι]

*θραύω

[θρύπτω (?)]

θρέμμα cf. τρέφω

*θρηνέω

[*θορυβάζω..., *θροέομαι]

θρῆσκος

ἐθελοθρησκία	—	—	×	—
θρησκεία	—	×	×	×
θρῆσκος	—	—	—	×

[ἀθροίζω (?), *θρόνος (?)]

θρίξ

θρίξ	×	×	—	×
τρίχινος	—	—	—	×

*θροέομαι

[*θορυβάζω..., *θρηνέω]

*θρόμβος cf. τρέφω

*θρόνος

[θρῆσκος (?)]

(θρύπτω)

συνθρύπτω	—	×	—	—
ἐντρυφάω	—	—	—	×
τρυφάω	—	—	—	×
τρυφή	×	—	—	×
Τρύφαινα	—	—	×	—
Τρυφῶσα	—	—	×	—

[*θραύω (?)]

*θυγάτηρ...

*θύελλα

[*θυμός (?) *ἀτμίς (?)]

*θύινος

[θύω]

θυμ(α,ε)-, -θυμία cf. θυμός

*θυμίαμα...

[θύω]

θυμός

ἀθυμέω	—	—	×	—
διενθυμέομαι	—	×	—	—
ἐνθυμέομαι	×	—	—	—
ἐνθύμησις	×	×	—	×
ἐπιθυμέω	×	×	×	×
ἐπιθυμητής	—	—	×	—
ἐπιθυμία	×	—	×	×
εὐθυμέω	—	×	—	×

εὔθυμος	—	×	—	—
εὐθύμως	—	×	—	—
θυμομαχέω	—	×	—	—
θυμόομαι	×	—	—	—
θυμός	×	×	×	×
μακροθυμέω	×	—	×	×
μακροθυμία	—	—	×	×
μακροθύμως	—	×	—	—
ὁμοθυμαδόν	—	×	×	—
προθυμία	—	×	×	—
πρόθυμος	×	—	×	—
προθύμως	—	—	—	×

[*θύελλα (?), θύω (?)]

θύρα

θύρα	×	×	×	×
θυρίς	—	×	×	—
θυρωρός	×	—	—	—

_____

θυρεός	—	—	×	—

_____

Ἀππίου Φόρον	—	×	—	—

θύω

εἰδωλόθυτος	—	×	×	×
θυσία	×	×	×	×
θυσιαστήριον	×	—	×	×
θύω	×	×	×	—
ἱερόθυτος	—	—	×	—

[*θύινος, *θυμίαμα..., θυμός (?)]

*(ἀ)θῷος

[τίθημι (?)]

I

ἰάομαι

ἴαμα	—	—	×	—
ἰάομαι	×	×	—	×
ἴασις	×	×	—	—
ἰατρός	×	—	×	—

[*Ἰάσων (?)]

*Ἰάσων

[ἰάομαι (?)]

ἴδε cf. εἶδον

*ἴδιος...

[έ- (?)]

ἰδού cf. εἶδον

ἱδρώς

ἱδρώς	×	—	—	—

_____

σουδάριον	×	×	—	—

ἱερός

ἀρχιερατικός	—	×	—	—
ἀρχιερεύς	×	×	—	×
ἱερατεία	×	—	—	×
ἱεράτευμα	—	—	—	×
ἱερατεύω	×	—	—	—
ἱερεύς	×	×	—	×
ἱερόθυτος	—	—	×	—
ἱερόν	×	×	×	—
ἱεροπρεπής	—	—	×	—
ἱερός	—	—	×	—
ἱεροσυλέω	—	—	×	—
ἱερόσυλος	—	×	—	—
ἱερουργέω	—	—	×	—
ἱερωσύνη	—	—	—	×

_____

Ἱεράπολις	—	—	×	—

_____

Ἱεροσόλυμα (!)	×	×	×	—
Ἱεροσολυμεῖται (!)	×	—	—	—
Ἱερουσαλήμ (!)	×	×	×	×

(καθ)ίζω cf. ἕζομαι

(ἵημι)				
ἄνεσις	—	×	×	—
ἀνίημι	—	×	×	×
ἀσύνετος	×	—	×	—
ἄφεσις	×	×	×	×
ἀφίημι	×	×	×	×
καθίημι	×	×	—	—
πάρεσις	—	—	×	—
παρίημι	×	—	—	×
σύνεσις	×	—	×	—
συνετός	×	×	×	—
συνίημι	×	×	×	—

(ἵκω) cf. ἥκω

ἱκανός	×	×	×	—
ἱκανότης	—	—	×	—
ἱκανόω	—	—	×	—

ἱκετηρία	—	—	—	×

ἀφικνέομαι	—	—	×	—
ἄφιξις	—	×	—	—
διικνέομαι	—	—	—	×
ἐφικνέομαι	—	—	×	—

ἱλαρο- cf. ἱλάσκομαι

ἱλάσκομαι

ἱλαρός	—	—	×	—
ἱλαρότης	—	—	×	—

ἱλάσκομαι	×	—	—	×
ἱλασμός	—	—	—	×
ἱλαστήριον	—	—	×	×
ἵλεως	×	—	—	×

ἱματι- cf. ἕννυμι

*ἵνα...

ἰός

ἰός	—	—	×	×

κατιόομαι	—	—	—	×

Ἰουλι- cf. Ζεύς

ἵππος

ἱππεύς	—	×	—	—
ἱππικός	—	—	—	×
ἵππος	—	—	—	×

Ἄρχιππος	—	—	×	—
Φιλιππήσιος	—	—	×	—
Φίλιπποι	—	×	×	—
Φίλιππος	×	×	—	—

ἴσος

ἰσάγγελος	×	—	—	—
ἴσος	×	×	×	×
ἰσότης	—	—	×	—
ἰσότιμος	—	—	—	×
ἰσόψυχος	—	—	×	—
ἴσως	×	—	—	—

ἵστημι

ἀκαταστασία	×	—	×	×
ἀκατάστατος	—	—	—	×
ἀνάστασις	×	×	×	×
ἀναστατόω	—	×	×	—
ἀνθίστημι	×	×	×	×
ἀνίστημι	×	×	×	×
ἀντικαθίστημι	—	—	—	×
ἀποκαθίστημι, -ιστάνω	×	×	—	×
ἀποκατάστασις	—	×	—	—
ἀποστασία	—	×	×	—
ἀποστάσιον	×	—	—	—
ἀστατέω	—	—	×	—
ἀφίστημι	×	×	×	×
διάστημα	—	×	—	—
διίστημι	×	×	—	—
διχοστασία	—	—	×	—

ἔκστασις	—	—	×	×
ἐνίστημι	—	—	×	×
ἐξανάστασις	—	—	×	—
ἐξανίστημι	×	×	—	—
ἐξίστημι	×	×	×	—
ἐπανίστημι	×	—	—	—
ἐπίσταμαι cf. infra				
ἐπίστασις	—	×	×	—
ἐπιστάτης	×	—	—	—
ἐπιστήμων cf. infra				
εὐπερίστατος	—	—	—	×
ἐφίστημι	×	×	×	—
ἵστημι	×	×	×	×
καθίστημι	×	×	×	×
κατάστημα	—	—	×	—
κατεφίστημι	—	×	—	—
μεθίστημι, -ιστάνω	×	×	×	—
παρίστημι	×	×	×	—
περιίστημι	×	×	×	—
προΐστημι	—	—	×	—
προστάτις	—	—	×	—
πρωτοστάτης	—	×	—	—
στασιαστής	×	—	—	—
στάσις	×	×	—	×
στατήρ	×	—	—	—
στήκω	×	—	×	×
συνεφίστημι	—	×	—	—
συνίστημι, -ιστάνω	×	—	×	×
συστατικός	—	—	×	—
ὑπόστασις	—	—	×	×
ἐπίσταμαι	×	×	×	×
ἐπιστήμων	—	—	—	×

[σταυρός, στοά, *στῦλος, *(δι)στάζω (?),
*στάμνος (?)]

*ἱστορέω

[εἶδον]

ἰσχύς

διισχυρίζομαι	×	×	—	—
ἐνισχύω	×	×	—	—
ἐξισχύω	—	—	×	—
ἐπισχύω	×	—	—	—

ἰσχυρός	×	—	×	×
ἰσχύς	×	—	×	×
ἰσχύω	×	×	×	×
κατισχύω	×	—	—	—

[ἑ- (?), ἔχω (?)]

(ἀπρόσ)ιτος cf. εἶμι

*ἰχθύ(διον)...

ἴχνος

ἀνεξιχνίαστος	—	—	×	—
ἴχνος	—	—	×	×

[*(παρ)οίχομαι (?)]

K

καθαρός

ἀκαθαρσία	×	—	×	—
ἀκάθαρτος	×	×	×	×
διακαθαίρω	×	—	—	—
διακαθαρίζω	×	—	—	—
ἐκκαθαίρω	—	—	×	—
καθαίρω	×	—	—	—
καθαρίζω	×	×	×	×
καθαρισμός	×	—	—	×
καθαρός	×	×	×	×
καθαρότης	—	—	—	×
περικάθαρμα	—	—	×	—

καθε(δ,ζ)- cf. ἕζομαι

κάθημαι cf. ἧμαι

καθίζω cf. ἕζομαι

καί

κἀγώ	×	×	×	×
καί	×	×	×	×

καίπερ	—	—	×	×
καίτοι	—	×	—	×
καίτοιγε	×	—	—	—
κἀκεῖ	×	×	—	—
κἀκεῖθεν	×	×	—	—
κἀκεῖνος	×	×	×	×
κἄν	×	×	×	×
πεντεκαιδέκατος	×	—	—	—
τεσσαρεσκαιδέκατος	—	×	—	—

καινός

ἀνακαινίζω	—	—	—	×
ἀνακαινόω	—	—	×	—
ἀνακαίνωσις	—	—	×	—
ἐνκαίνια	×	—	—	—
ἐνκαινίζω	—	—	—	×
καινός	×	×	×	×
καινότης	—	—	×	—

καιρός

ἀκαιρέομαι	—	—	×	—
ἀκαίρως	—	—	×	—
εὐκαιρέω	×	×	×	—
εὐκαιρία	×	—	—	—
εὔκαιρος	×	—	—	×
εὐκαίρως	×	—	×	—
καιρός	×	×	×	×
πρόσκαιρος	×	—	×	×

[κείρω (?), κεράννυμι (?)]

καίω

ἐκκαίομαι	—	—	×	—
καίω	×	—	×	×
κατακαίω	×	×	×	×
καῦμα	—	—	—	×
καυματίζω	×	—	—	×
καῦσις	—	—	—	×
καυσόομαι	—	—	—	×
καυστηριάζομαι	—	—	×	—
καύσων	×	—	—	×
ὁλοκαύτωμα	×	—	—	×

κακός cf. *χείρων

ἄκακος	—	—	×	×
ἀνεξίκακος	—	—	×	—
ἐνκακέω	×	—	×	—
κακία	×	—	×	×
κακοήθεια	—	—	×	—
κακολογέω	×	×	—	—
κακοπάθεια	—	—	—	×
κακοπαθέω	—	—	×	×
κακοποιέω	×	—	—	×
κακοποιός	—	—	—	×
κακός	×	×	×	×
κακοῦργος	×	—	×	—
κακουχέομαι	—	—	—	—
κακόω	—	×	—	×
κακῶς	×	—	×	—
κάκωσις	—	×	—	—
συνκακοπαθέω	—	—	×	—
συνκακουχέομαι	—	—	—	×

*καλάμη...

καλέω

ἀνέγκλητος	—	—	×	—
ἀντικαλέω	×	—	—	—
ἐγκαλέω	—	×	×	—
ἔγκλημα	—	×	—	—
εἰσκαλέομαι	—	×	—	—
ἐκκλησία	×	×	×	×
ἐπικαλέω	×	×	×	×
καλέω	×	×	×	×
κλῆσις	—	—	×	×
κλητός	×	—	×	×
μετακαλέομαι	—	×	—	—
παρακαλέω	×	×	×	×
παράκλησις	×	×	×	×
παράκλητος	×	—	—	×
προκαλέομαι	—	—	×	—
προσκαλέομαι	×	×	—	×
συνκαλέω	×	×	—	—
συνπαρακαλέομαι	—	—	×	—

καλός

καλλιέλαιος	—	—	×	—

κάλλιον cf. καλῶς				
καλοδιδάσκαλος	—	—	×	—
καλοποιέω	—	—	×	—
καλός	×	×	×	×
καλῶς	×	×	×	×

Καλοὶ Λιμένες	—	×	—	—

καλύπτω

ἀκατακάλυπτος	—	—	×	—
ἀνακαλύπτω	—	—	×	—
ἀποκαλύπτω	×	—	×	×
ἀποκάλυψις	×	—	×	×
ἐπικάλυμμα	—	—	—	×
ἐπικαλύπτω	—	—	×	—
κάλυμμα	—	—	×	—
καλύπτω	×	—	×	—
κατακαλύπτομαι	—	—	×	—
παρακαλύπτομαι	×	—	—	—
περικαλύπτω	×	—	—	×
συγκαλύπτω	×	—	—	—

[κλέπτω (?), κρύπτω (?)]

καμμύω cf. κατά μύω

*κάμνω cf. κομίζω

κάμπτω

ἀνακάμπτω	×	×	—	×
κάμπτω	—	—	×	—
συγκάμπτω	—	—	×	—

[*(ἐγ)κομβόομαι (?)]

(κάρα) cf. κέρας

ἀποκαραδοκία	—	—	×	—
κρανίον	×	—	—	—
κράσπεδον	×	—	—	—

καρδία

καρδία	×	×	×	×

καρδιογνώστης	—	×	—	—
σκληροκαρδία	×	—	—	—

καρπός

ἄκαρπος	×	—	×	×
καρπός	×	×	×	×
καρποφορέω	×	—	×	—
καρποφόρος	—	×	—	—

Καρπός	—	—	×	—

καρτερέω cf. κράτος

καρτερέω	—	—	—	×
προσκαρτερέω	×	×	×	—
προσκαρτέρησις	—	—	×	—

κατά

ἀκατάγνωστος	—	—	×	—
ἀκατακάλυπτος	—	—	×	—
ἀκατάκριτος	—	×	—	—
ἀκατάλυτος	—	—	—	×
ἀκατάπαστος	—	—	—	×
ἀκατάπαυστος	—	—	—	×
ἀκαταστασία	×	—	×	—
ἀκατάστατος	—	—	—	×
ἀνακαθίζω	×	×	—	—
ἀντικαθίστημι	—	—	—	×
ἀποκαθίστημι, -ιστάνω	×	×	—	×
ἀποκαταλλάσσω	—	—	×	—
ἀποκατάστασις	—	×	—	—
αὐτοκατάκριτος	—	—	—	×
διακατελέγχομαι	—	—	×	—
ἐγκαταλείπω	×	×	×	×
ἐνκάθετος	×	—	—	—
ἐνκατοικέω	—	—	—	×
ἐπικαθίζω	×	—	—	—
ἐπικατάρατος	—	—	—	×
καθ-				
καμμύω	×	×	—	—
κατ-				
κατά	×	×	×	×
κατα-				
κάτω	×	×	—	—
κατώτερος	—	—	×	—

παρακαθέζομαι	×	—	—	—
προκαταγγέλλω	—	×	—	—
προκαταρτίζω	—	—	×	—
πρωτοκαθεδρία	×	—	—	—
συνκάθημαι	×	×	—	—
συνκαθίζω	×	×	—	×
συνκαταβαίνω	—	×	—	—
συνκατάθεσις	—	—	×	—
συνκατανεύω	—	×	—	—
συνκατατίθεμαι	×	—	—	—
συνκαταψηφίζομαι	—	×	—	—
ὑποκάτω	×	—	—	×

καυ(μ,σ,τ)- cf. καίω

καυχάομαι

ἐνκαυχάομαι	—	—	×	—
κατακαυχάομαι	—	—	×	×
καυχάομαι	—	—	×	×
καύχημα	—	—	×	×
καύχησις	—	—	×	×

κεῖμαι

ἀνάκειμαι	×	—	—	—
ἀντίκειμαι	×	—	×	—
ἀπόκειμαι	×	—	×	×
ἐπίκειμαι	×	×	×	×
κατάκειμαι	×	×	×	—
κεῖμαι	×	—	×	×
κοι- cf. infra				
παράκειμαι	—	—	×	—
περίκειμαι	×	×	—	×
πρόκειμαι	—	—	×	×
συνανάκειμαι				

ἀρσενοκοίτης	—	—	×	—
κοιμάομαι	×	×	×	×
κοίμησις	×	—	—	—
κοίτη	×	—	×	×
κοιτών	—	×	—	—

[κώμη (?), *κῶμος (?)]

κείρω

κείρω	—	×	×	—
κέρμα	×	—	—	—
κερματιστής	×	—	—	—

[καιρός (?)]

*κέλευσμα...

[*(ἐπι)κέλλω, ἀκολουθέω (?)]

*(ἐπι)κέλλω

[*κέλευσμα...]

κενός

κενοδοξία	—	—	×	—
κενόδοξος	—	—	×	—
κενός	×	×	×	×
κενοφωνία	—	—	×	—
κενόω	—	—	×	—
κενῶς	—	—	—	×

(κεντέω)

ἐκκεντέω	×	—	—	×
ἐνκεντρίζω	—	—	×	—
κέντρον	—	×	×	×

κεντυρίων cf. ἑκατόν

*Κενχρεαί

[χρίω (?)]

κεραία cf. κέρας

(ἀ)κέραιος cf. κεράννυμι

*κεραμεύς...

[κεράννυμι (?)]

κεράννυμι

ἀκέραιος	×	—	×	—
κεράννυμι	—	—	—	×
συνκεράννυμι	—	—	×	×

[*κεραμεύς... (?), καιρός (?)]

κέρας cf. κάρα

κεραία	×	—	—	—
κέρας	×	—	—	×
κεράτιον	×	—	—	—
κερέα cf. κεραία				

κέρδος

αἰσχροκερδής	—	—	×	—
αἰσχροκερδῶς	—	—	—	×
κερδαίνω	×	×	×	×
κέρδος	—	—	×	—

κερέα cf. κέρας

κερμ- cf. κείρω

κεφαλή

ἀνακεφαλαιόομαι	—	—	×	—
ἀποκεφαλίζω	×	—	—	—
κεφάλαιον	—	×	—	×
κεφαλαιόω cf. κεφαλιόω				
κεφαλή	×	×	×	×
κεφαλιόω	×	—	—	—
κεφαλίς	—	—	—	×
περικεφαλαία	—	—	×	—
προσκεφάλαιον	×	—	—	—

*κῆπος... (κηπουρός cf. ὁράω)

κῆρυξ

κήρυγμα	×	—	×	—
κῆρυξ	—	—	×	×

κηρύσσω

κηρύσσω	×	×	×	×
προκηρύσσω	—	×	—	—

*κιθάρα...

*κινδυνεύω...

κινέω

ἀμετακίνητος	—	—	×	—
κινέω	×	×	—	×
κίνησις	×	—	—	—
μετακινέω	—	—	×	—
συνκινέω	—	×	—	—

*κιννάμωμον

[*ἄμωμον (?), μῶμος (?)]

-κις

ἑβδομηκοντάκις	×	—	—	—
ἑπτάκις	×	—	—	—
ἑπτακισχίλιοι	—	—	×	—
ὁσάκις	—	—	×	×
πεντάκις	—	—	×	—
πεντακισχίλιοι	×	—	—	—
πολλάκις	×	×	×	×
ποσάκις	×	—	—	—
τετρακισχίλιοι	×	×	—	—

[τίς]

κλάδος cf. κλάω

κλαίω

κλαίω	×	×	×	×
κλαυθμός	×	×	—	—

κλασ- cf. κλάω

*Κλαυδία...

[κλίνω (?)]

κλαυθμός cf. κλαίω

κλάω

ἐκκλάομαι	—	—	×	—
κατακλάω	×	—	—	—
κλάσις	×	×	—	—
κλάσμα	×	—	—	—
κλάω	×	×	×	—

κλάδος	×	—	×	—

κλῆμα	—	—	×	—

[κλῆρος, κολάζω, *κολοβόω, *κολαφίζω (?)]

κλείς

ἀποκλείω	×	—	—	—
ἐκκλείω	—	—	×	—
κατακλείω	×	×	—	—
κλείς	×	—	—	×
κλείω	×	×	—	×
συνκλείω	×	—	×	—

κλέμμα cf. κλέπτω

κλέος

κλέος	—	—	—	×

Κλεόπας	×	—	—	—

κλέπτω

κλέμμα	—	—	—	×
κλέπτης	×	—	×	×
κλέπτω	×	—	×	—
κλοπή	×	—	—	—

[καλύπτω (?)]

κλῆμα cf. κλάω

(ἔγ)κλημα cf. καλέω

*Κλήμης

[κλίνω (!) μιμνήσκω (?)]

κλῆρος

κατακληρονομέω	—	×	—	—
κληρονομέω	×	—	×	×
κληρονομία	×	×	×	×
κληρονόμος	×	—	×	×
κληρόομαι	—	—	×	—
κλῆρος	×	×	×	×
ναύκληρος	—	×	—	—
ὁλοκληρία	—	×	—	—
ὁλόκληρος	—	—	×	×
προσκληρόομαι	—	×	—	—
συνκληρονόμος	—	—	×	×

[κλάω]

κλη(σ,τ)- cf. καλέω

κλίνω

ἀκλινής	—	—	—	×
ἀνακλίνω	×	—	—	—
ἀρχιτρίκλινος	×	—	—	—
ἐκκλίνω	—	—	×	×
κατακλίνω	×	—	—	—
κλίμα	—	—	×	—
κλινάριον	—	×	—	—
κλίνη	×	—	—	×
κλινίδιον	×	—	—	—
κλίνω	×	—	—	×
κλισία	×	—	—	—
προσκλίνομαι	—	×	—	—
πρόσκλισις	—	—	×	—
πρωτοκλισία	×	—	—	—

[*Κλαυδία..., *Κλήμης (!)]

κλοπή cf. κλέπτω

(κλύζω)

κατακλύζω	—	—	—	×
κατακλυσμός	×	—	—	×
κλύδων	×	—	—	×
κλυδωνίζομαι	—	—	×	—

κοδράντης   cf. τέσσαρες

*κοιλία

[κυέω (?)]

κοιμ-   cf. κεῖμαι

κοινός

κοινός	×	×	×	×
κοινόω	×	×	—	×
κοινωνέω	—	—	×	×
κοινωνία	—	×	×	×
κοινωνικός	—	—	×	—
κοινωνός	×	—	×	×
συνκοινωνέω	—	—	×	×
συνκοινωνός	—	—	×	×

κοιτ-   cf. κεῖμαι

*κόκκινος...

κολάζω

κολάζω	—	×	—	×
κόλασις	×	—	—	×

[*κολοβόω, κλάω]

*κολαφίζω

[κλάω (?), κολάζω (?), *κολοβόω (?)]

κολλάομαι

κολλάομαι	×	×	×	×
προσκολλάομαι	×	—	×	—

*κολοβόω

[κολάζω, κλάω]

*(δύσ)κολος...

κολυμβάω

ἐκκολυμβάω	—	×	—	—
κολυμβάω	—	×	—	—
κολυμβήθρα	×	—	—	—

*κολωνία

[πάλαι, *πάλιν..., κύκλος, τέλος, *τηλαυγῶς]

*κομάω...

[κομίζω (?)]

*(ἐγ)κομβόομαι

[κάμπτω (?)]

κομίζω   cf. *κάμνω

γλωσσόκομον	×	—	—	—
ἐκκομίζομαι	×	—	—	—
κομίζω	×	—	×	×
συνκομίζω	—	×	—	—

[*κομάω... (?), *κομψότερον (?)]

(πρόσ)κομμα   cf. κόπτω

(γλωσσό)κομον   cf. κομίζω

*κομψότερον

[κομίζω (?)]

*(δια)κονέω....

*κονιάω...   (*κονιορτός cf. *-ορτός)

-κοντα

ἑβδομήκοντα	×	×	—	—
ἑβδομηκοντάκις	×	—	—	—
ἐνενήκοντα	×	—	—	—
ἑξήκοντα	×	—	×	×
ὀγδοήκοντα	×	—	—	—
πεντήκοντα	×	×	—	—
τεσσαράκοντα	×	×	×	×
τεσσαρακονταετής	—	×	—	—
τριάκοντα	×	—	×	—

[ἑκατοντα-, ἑκατόν etc.]

κοπ(α,ε)-, κοπή, κοπι-, κόπος cf.
    κόπτω

*κοπρία...

κόπτω

ἀποκόπτω	×	×	×	—
ἀπρόσκοπος	—	×	×	—
ἀργυροκόπος	—	×	—	—
ἐκκοπή	—	—	×	—
ἐκκόπτω	×	—	×	—
ἐνκοπή	—	—	×	—
ἐνκόπτω	—	×	×	×
εὔκοπος	×	—	—	—
κατακόπτω	×	—	—	—
κοπάζω	×	—	—	—
κοπετός	—	×	—	—
κοπή	—	—	—	×
κοπιάω	×	×	×	×
κόπος	×	—	×	×
κόπτω	×	—	—	×
προκοπή	—	—	×	—
προκόπτω	×	—	×	—
πρόσκομμα	—	—	×	×
προσκοπή	—	—	×	—
προσκόπτω	×	—	×	×

[σκάπτω (?)]

*κόραξ

    [κράζω, *κραυγάζω...]

κοράσιον cf. κόρη

*κορβάν...

*κορέννυμαι

    [κόρη, *Κρήσκης]

(κόρη)

κοράσιον	×	—	—	—
Διόσκουροι	—	×	—	—

    [*κορέννυμαι, *Κρήσκης]

(νεω)κόρος cf. ναός

-κόσιοι

διακόσιοι	×	×	—	×
ἑξακόσιοι	—	—	—	×
πεντακόσιοι	×	—	×	—
τετρακόσιοι	—	×	×	—
τριακόσιοι	×	—	—	—

    [ἑκατόν etc.]

*κοσμέω...

*(πεντη)κοστή

    [-κοντα, -κόσιοι, ἑκατόν etc.]

Κούαρτος cf. τέσσαρες

(Διόσ)κουροι cf. κόρη

(ἐπί)(κουρος)

  ἐπικουρία — × — —

  Ἐπικούριος — × — —

κράζω

  ἀνακράζω × — — —
  κράζω × × × ×

  [*κραυγάζω..., *κόραξ]

κρανίον cf. κάρα

(ἀ)κρασία cf. κράτος

κράσπεδον cf. κάρα

κράτος cf. καρτερέω

  ἀκρασία × — × —
  ἀκρατής — — × —
  ἄκρατος — — — ×
  ἐγκράτεια — × × ×
  ἐγκρατεύομαι — — × —
  ἐγκρατής — — × —
  κοσμοκράτωρ — — × —
  κραταιόομαι × — × —
  κραταιός — — — ×
  κρατέω × × × ×
  κράτιστος × × — —
  κράτος × × × ×
  κρείσσων, κρείττων — — × ×
  παντοκράτωρ — — × ×
  περικρατής — × — —

*κραυγάζω...

  [κράζω, *κόραξ]

*κρέας

  [*κρυσταλλίζω...]

κρείσσων, κρείττων cf. κράτος

κρεμάννυμι

  ἐκκρέμομαι × — — —
  κατακρημνίζω × — — —
  κρεμάννυμι × × × —
  κρημνός × — — —

*Κρήσκης

  [*κορέννυμαι, κόρη]

*κριθή...

κρίνω

  ἀδιάκριτος — — — ×
  ἀκατάκριτος — × — —
  ἀνακρίνω × × × —
  ἀνάκρισις — × — —
  ἀνταποκρίνομαι × — — —
  ἀνυπόκριτος — — × ×
  ἀπόκριμα — — × —
  ἀποκρίνομαι × × × ×
  ἀπόκρισις × — — —
  αὐτοκατάκριτος — — × —
  διακρίνω × × × ×
  διάκρισις — — × ×
  δικαιοκρισία — — — ×
  ἐνκρίνω — — × —
  ἐπικρίνω × — — —
  κατάκριμα — — × —
  κατακρίνω × — × ×
  κατάκρισις — — × —
  κρίμα × × × ×
  κρίνω × × × ×
  κρίσις × × × ×
  κριτήριον — — × ×
  κριτής × × × ×
  κριτικός — — — ×
  πρόκριμα — — × —
  συνκρίνω — — × —
  συνυποκρίνομαι — — × —
  ὑποκρίνομαι × — — —
  ὑπόκρισις × — × ×

ὑποκριτής   × — — —

'Ασύνκριτος   — — × —

  [*εἰλικρινής... (?)]

κρύπτω

ἀποκρύπτω   × — × —
ἀπόκρυφος   × — × —
ἐγκρύπτω   × — — —
κρύπτω   × — — —
κρυπτός   × — × ×
κρύπτω   × — × ×
κρυφαῖος   × — — —
κρυφῇ   — — × —
περικρύπτω   × — — —

  [καλύπτω (?)]

*κρυσταλλίζω...

  [*κρέας]

κρυφ- cf. κρύπτω

κτάομαι

κτάομαι   × × × —
κτῆμα   × × — —
κτῆνος   × × × ×
κτήτωρ   — × — —

(κτείνω)

ἀνθρωποκτόνος   × — — —
ἀποκτείνω   × × × ×

κτη- cf. κτάομαι

*κτίζω...

(ἀνθρωπο)κτόνος cf. κτείνω

*κυβέρνησις...

(κυέω) cf. *κῦμα

ἀποκυέω   — — — ×
ἔνκυος   × — — —

  [κύριος, *κοιλία (?)]

(κύκλος)

κυκλεύω   × — — ×
κυκλόθεν   — — — ×
κυκλόω   × × — ×
κύκλῳ   × — × ×
περικυκλόω   × — — —

  [πάλαι, *πάλιν..., τέλος, *τηλαυγῶς, *κολωνία]

(κυλίω)

ἀνακυλίω   × — — —
ἀποκυλίω   × — — —
κυλίομαι   × — — —
κυλισμός   — — — ×
προσκυλίω   × — — —

  [*κυλλός (?), *κῶλον (?), σκέλος (?)]

*κυλλός

  [κυλίω (?), *κῶλον (?), σκέλος (?)]

*κῦμα cf. κυέω

*κύμβαλον

  [κύπτω (?)]

κυνάριον cf. κύων

*(προσ)κυνέω...

(ἔν)κυος cf. κυέω

κύπτω

ἀνακύπτω	×	—	— —
κατακύπτω	×	—	— —
κύπτω	×	—	— —
παρακύπτω	×	—	— ×
συνκύπτω	×	—	— —

[*κύμβαλον (?)]

κύριος

ἀκυρόω	×	—	× —
κατακυριεύω	×	×	— ×
κυρία	—	—	— ×
κυριακός	—	—	× ×
κυριεύω	×	—	× —
κύριος	×	×	× ×
κυριότης	—	—	× ×
κυρόω	—	—	× —
προκυρόομαι	—	—	× —
συγκυρία	×	—	— —

[κυέω]

κύων

κυνάριον	×	—	— —
κύων	×	—	× ×

[*σκύβαλον (?)]

*κῶλον

[*κυλλός (?), κυλίω (?), σκέλος (?)]

κωλύω

ἀκωλύτως	—	×	— —
διακωλύω	×	—	— —
κωλύω	×	×	× ×

κώμη

κώμη	×	×	— —

κωμόπολις × — — —

[κεῖμαι (?), *κῶμος (?)]

*κῶμος

[κεῖμαι (?), κώμη (?)]

Λ

(λᾶας)

λαξευτός	×	—	— —
λατομέω	×	—	— —

-λαβ- cf. λαμβάνω

λάθρα cf. λανθάνω

(Νικο)λαΐτης cf. λαός

*λακάω, -έω cf. *λάσκω

[*λῆρος (?)]

λαλέω

ἀλάλητος	—	—	× —
ἄλαλος	×	—	— —
ἀνεκλάλητος	—	—	— ×
διαλαλέω	×	—	— —
ἐκλαλέω	—	×	— —
καταλαλέω	—	—	— ×
καταλαλία	—	—	× ×
κατάλαλος	—	—	× —
λαλέω	×	×	× ×
λαλία	×	—	— —
μογιλάλος	×	—	— —
προσλαλέω	—	×	— —
συνλαλέω	×	×	— —

λαμβάνω

ἀναλαμβάνω	×	×	× —

ἀνάλημψις	×	—	—	—
ἀνεπίλημπτος	—	—	×	—
ἀντιλαμβάνομαι	—	—	×	—
ἀντίληψις	—	—	×	—
ἀπολαμβάνω	×	—	×	×
ἀπροσωπολήμπτως	—	—	—	×
δεξιολάβος	—	×	—	—
ἐπιλαμβάνομαι	×	×	×	×
εὐλάβεια	—	—	—	×
εὐλαβέομαι	—	—	—	×
εὐλαβής	×	×	—	—
καταλαμβάνω	×	×	×	—
λαμβάνω	×	×	×	×
λῆμψις	—	—	×	—
μεταλαμβάνω	—	×	×	×
μετάλημψις	—	—	×	—
παραλαμβάνω	×	×	×	×
προλαμβάνω	×	—	×	—
προσλαμβάνομαι	×	×	×	—
πρόσλημψις	—	—	×	—
προσωπολημπτέω	—	—	—	×
προσωπολήμπτης	—	×	—	—
προσωπολημψία	—	—	×	×
συλλαμβάνω	×	×	×	×
συναντιλαμβάνομαι	×	—	×	—
συνπαραλαμβάνω	—	×	—	—
συνπεριλαμβάνω	—	×	—	—
ὑπολαμβάνω	×	×	—	×

λάμπω

ἐκλάμπω	×	—	—	—
λαμπάς	×	×	—	×
λαμπρός	×	×	—	×
λαμπρότης	—	×	—	—
λαμπρῶς	×	—	—	—
λάμπω	×	×	×	—
περιλάμπω	×	×	—	—

λανθάνω

ἐκλανθάνομαι	—	—	—	×
ἐπιλανθάνομαι	×	—	×	×
ἐπιλησμονή	—	—	—	×
λάθρα	×	×	—	—

λανθάνω	×	×	—	×
λήθη	—	—	—	×

[ἀληθής]

λαξευτός cf. λᾶας

λαός

λαός	—	—	—	×
λειτουργέω	—	×	×	×
λειτουργία	×	—	×	×
λειτουργικός	—	—	—	×
λειτουργός	—	—	×	×

Ἀρχέλαος	×	—	—	—
Λαοδικεύς	—	—	—	×
Λαοδικία	—	—	×	×
Νικολαΐτης	—	—	—	×
Νικόλαος	—	×	—	—

*λάσκω cf. *λακάω, -έω

[*λῆρος (?)]

λατομέω cf. λᾶας τέμνω

(λάτρον)

εἰδωλολατρία	—	—	×	×
εἰδωλολάτρης	—	—	×	×
λατρεία	×	—	×	×
λατρεύω	×	×	×	×

*(ἀπό)λαυσις

[*λῃστής (?)]

λέγω cf. ἐρῶ, εἶπον

ἀγενεαλόγητος	—	—	—	×
αἰσχρολογία	—	—	×	—
ἄλογος	—	×	—	×
ἀναλογία	—	—	×	—
ἀναλογίζομαι	—	—	—	×

ἀναπολόγητος	—	—	×	—
ἀνθομολογέομαι	×	—	—	—
ἀντιλέγω (cf. ἀντεῖπον)	×	×	×	—
ἀντιλογία	—	—	—	×
ἀπολογέομαι	×	×	×	—
ἀπολογία	—	×	×	×
βατταλογέω	×	—	—	—
γενεαλογέομαι	—	—	—	×
γενεαλογία	—	—	×	—
διαλέγομαι	×	×	—	×
διάλεκτος	—	×	—	—
διαλογίζομαι	×	—	—	—
διαλογισμός	×	—	×	×
δίλογος	—	—	×	—
ἐκλέγομαι	×	×	×	×
ἐκλεκτός	×	—	×	×
ἐκλογή	—	×	×	×
ἐλλογάω	—	—	×	—
ἐνευλογέομαι	—	×	×	—
ἐξομολογέω	×	×	×	×
ἐπιλέγομαι	×	×	—	—
εὐλογέω	×	×	×	×
εὐλογητός	×	—	×	×
εὐλογία	—	—	×	×
κακολογέω	×	×	—	—
καταλέγομαι	—	—	×	—
κατευλογέω	×	—	—	—
λέγω (cf. ἐρῶ, εἶπον)	×	×	×	×
λογία	—	—	×	—
λογίζομαι	×	×	×	×
λογικός	—	—	×	×
λόγιον	—	×	×	×
λόγιος	—	×	—	—
λογισμός	—	—	×	—
λογομαχέω	—	—	×	—
λογομαχία	—	—	×	—
λόγος	×	×	×	×
ματαιαλογία	—	—	×	—
ματαιολόγος	—	—	×	—
μωρολογία	—	—	×	—
ὁμολογέω	×	×	×	×
ὁμολογία	—	—	×	×
ὁμολογουμένως	—	—	×	—
παραλέγομαι	—	×	—	—
παραλογίζομαι	—	—	×	×
πιθανολογία	—	—	×	—
πολυλογία	×	—	—	—
προλέγω (cf. προ-ερῶ, -εῖπον)	—	—	×	—

σπερμολόγος	—	×	—	—
στρατολογέω	—	—	×	—
συλλέγω	×	—	—	—
συλλογίζομαι	×	—	—	—
συναρμολογέω	—	—	×	—
συνεκλεκτός	—	—	—	×
χρηστολογία	—	—	×	—
ψευδολόγος	—	—	×	—

λεγιών	×	—	—	—

Φιλόλογος	—	—	×	—

λεῖμμα cf. λείπω

*λεῖος

[λίαν (?), λίθος (?)]

λείπω

ἀδιάλειπτος	—	—	×	—
ἀδιαλείπτως	—	—	×	—
ἀνέκλειπτος	×	—	—	—
ἀπολείπω	—	—	×	×
διαλείπω	×	—	—	—
διαλιμπάνω	—	—	×	—
ἐγκαταλείπω	×	×	×	×
ἐκλείπω	×	—	—	×
ἐπιλείπω	—	—	—	×
ἐπίλοιπος	—	—	—	×
καταλείπω	×	×	×	×
κατάλοιπος	—	×	—	—
λεῖμμα	—	—	×	—
λείπω	×	—	×	×
λίμμα cf. λεῖμμα				
λοιπός	×	×	×	×
περιλείπομαι	—	—	×	—
ὑπόλειμμα	—	—	×	—
ὑπολείπομαι	—	—	×	—
ὑπολιμπάνω	—	—	—	×

λειτουργ- cf. λαός ἔργον

-λεκτος cf. λέγω

λέντιον   cf. λίνον

(λέπω)

λεπίς	—	×	—	—
λέπρα	×	—	—	—
λεπρός	×	—	—	—
λεπτόν	×	—	—	—

*λευκαίνω...

[*λυχνία..., *Λούκιος (?), *Λουκᾶς (?), *Λυκία (?)]

λήθη   cf. λανθάνω

λημ(π,ψ)-   cf. λαμβάνω

ληνός

ληνός	×	— —	×
ὑπολήνιον	×	— —	—

*λῆρος

[*λάσκω (?), *λακάω, -έω (?)]

(ἐπι)λησμονή   cf. λανθάνω

*λῃστής

[*(ἀπό)λαυσις (?)]

λίαν

λίαν	× —	×	×
ὑπερλίαν	— —	×	—

[*λεῖος (?)]

λίβανος

λίβανος	× — —	×

λιβανωτός — — — ×

χαλκολίβανον — — — ×

λίθος

καταλιθάζω	×	—	—	—
λιθάζω	×	×	×	×
λίθινος	×	—	×	×
λιθοβολέω	×	×	—	×
λίθος	×	×	×	×
λιθόστρωτος	×	—	—	—
χρυσόλιθος	—	—	—	×

[*λεῖος (?)]

λιμήν

λιμήν	—	×	— —
λίμνη	×	— —	×

Καλοὶ Λιμένες   — × — —

λίμμα   cf. λείπω

λίμνη   cf. λιμήν

*λιμός

[*λοιμός (?)]

-λιμπάνω   cf. λείπω

λίνον

λίνον	×	— —	×

λέντιον   × — — —

*λιπαρός   cf. ἀλείφω

λογ-   cf. λέγω

λοιδορέω

ἀντιλοιδορέω	— — — ×
λοιδορέω	× × × ×
λοιδορία	— — × ×
λοίδορος	— — × —

[λύω (?) *δέρμα... (?)]

*λοιμός

[*λιμός (?)]

λοιπός cf. λείπω

*Λουκᾶς, *Λούκιος

[*λευκαίνω (?)]

λούω

ἀπολούω	— × × —
λουτρόν	— — × —
λούω	× × — ×

*Λυκία

[*λευκαίνω... (?)]

(κατά)λυμα cf. λύω

λύπη

ἄλυπος	— — × —
λυπέω	× — × ×
λύπη	× — × ×
περίλυπος	× — — —
συνλυπέομαι	× — — —

λυ(σ,τ)- cf. λύω

*λυχνία...

[*λευκαίνω...]

λύω

ἀκατάλυτος	— — — ×
ἀλυσιτελής	— — — ×
ἀνάλυσις	— — × —
ἀναλύω	× — × —
ἀντίλυτρον	— — × —
ἀπολύτρωσις	× — × ×
ἀπολύω	× × — ×
διαλύομαι	— × — —
ἐκλύομαι	× — × ×
ἐπίλυσις	— — — ×
ἐπιλύω	× × — —
κατάλυμα	× — — —
καταλύω	× × × —
λύσις	— — × —
λυσιτελέω	× — — —
λύτρον	× — — —
λυτρόομαι	× — × ×
λύτρωσις	× — — ×
λυτρωτής	— × — —
λύω	× × × ×
παραλύομαι	× × × —
παραλυτικός	× — — —
Λυσανίας	× — — —
Λυσίας	— × — —

[λοιδορέω (?)]

-λώης cf. ἀλωή

M

*μαγεύω...

μαθη- cf. μανθάνω

μαίνομαι

ἐμμαίνομαι	— × — —
μαίνομαι	× × × —
μανία	— × — —

[*μαντεύομαι, μιμνήσκω]

*μακαρίζω...

*Μακεδονία...

[μακρός (?)]

μακρός cf. *μῆκος...

μακράν	×	×	×	—
μακρόθεν	×	—	—	×
μακροθυμέω	×	—	×	×
μακροθυμία	—	—	×	×
μακροθύμως	—	×	—	—
μακρός	×	—	—	—
μακροχρόνιος	—	—	×	—

[*Μακεδονία... (?)]

*μαλακία...

[*μυλικός... (?)]

*μάλ(ιστα)...

[μέλω (?), μόλις (?)]

*μάμμη

[μήτηρ, *μαστός (?)]

μανθάνω

ἀμαθής	—	—	—	×
καταμανθάνω	×	—	—	—
μαθητεύω	×	×	—	—
μαθητής	×	×	—	—
μαθήτρια	—	×	—	—
μανθάνω	×	×	×	×
συνμαθητής	×	—	—	—

[μιμνήσκω (?)]

μανία cf. μαίνομαι

*μαντεύομαι

[μαίνομαι]

μαραίνομαι

ἀμαράντινος	—	—	—	×
ἀμάραντος	—	—	—	×
μαραίνομαι	—	—	—	×

[*μάρμαρος (?)]

*μάρμαρος

[μαραίνομαι (?)]

μάρτυς

ἀμάρτυρος	—	×	—	—
διαμαρτύρομαι	×	×	×	×
ἐπιμαρτυρέω	—	—	—	×
καταμαρτυρέω	×	—	—	—
μαρτυρέω	×	×	×	×
μαρτυρία	×	×	×	×
μαρτύριον	×	×	×	×
μαρτύρομαι	—	×	×	—
μάρτυς	×	×	×	×
προμαρτύρομαι	—	—	—	×
συνεπιμαρτυρέω	—	—	—	×
συνμαρτυρέω	—	—	×	—
ψευδομαρτυρέω	×	—	—	—
ψευδομαρτυρία	×	—	—	—
ψευδομάρτυς	×	—	×	—

[μέριμνα (?)]

*μασθός

[*μάμμη (?), μήτηρ (?)]

(μάσσω)

ἀπομάσσομαι	×	—	—	—
ἐκμάσσω	×	—	—	—

*μαστιγόω...

*μαστός

[*μάμμη (?), μήτηρ (?)]

*ματαιο(λογία)...

*(αὐτό)ματος

[μιμνήσκω]

*μάχαιρα

[μάχομαι (?)]

μάχομαι

ἄμαχος	—	—	×	—
διαμάχομαι	—	×	—	—
θεομάχος	—	×	—	—
θηριομαχέω	—	—	×	—
θυμομαχέω	—	×	—	—
λογομαχέω	—	—	×	—
λογομαχία	—	—	×	—
μάχη	—	—	×	×
μάχομαι	×	×	×	×

[*μάχαιρα (?)]

*μεγα(λεῖος)... cf. *μείζων

(μέθυ)

ἀμέθυστος	—	—	—	×
μέθη	×	—	×	—
μεθύσκομαι	×	—	×	—
μέθυσος	—	—	×	—
μεθύω	×	×	×	×

*μείζων cf. *μεγα(λεῖος)...

*μέλας

[*μολύνω... (?), μώλωψ (?)]

μελε-, (ἀμετα)μέλητος cf. μέλω

*μέλι...

*μέλλω

[*μέλος (?), μόλις (?)]

*μέλος

[*μέλλω (?)]

(μέλω)

ἀμελέω	×	—	×	×
ἀμεταμέλητος	—	—	×	—
ἐπιμέλεια	—	×	—	—
ἐπιμελέομαι	×	—	×	—
ἐπιμελῶς	×	—	—	—
μέλει	×	×	×	×
μελετάω	—	×	—	×
μεταμέλομαι	×	—	×	×
προμελετάω	×	—	—	—

[*μάλ(ιστα)... (?)]

μέμφομαι

ἄμεμπτος	×	—	×	×
ἀμέμπτως	—	—	×	—
μέμφομαι	—	—	×	×
μεμψίμοιρος	—	—	—	×
μομφή	—	—	×	—

μέν

μέν	×	×	×	×
μενοῦν	×	—	—	—
μενοῦνγε	—	—	×	—
μέντοι	×	—	×	×

[*μήν]

*(Παρ)μενᾶς

[μιμνήσκω]

μένω

ἀναμένω	—	—	×	—
διαμένω	×	—	×	×
ἐμμένω	—	×	×	×
ἐπιμένω	×	×	×	—
καταμένω	—	×	×	—
μένω	×	×	×	×
μονή	×	—	—	—
παραμένω	—	—	×	×
περιμένω	—	×	—	—
προσμένω	×	×	×	—
ὑπομένω	×	×	×	×
ὑπομονή	×	—	×	×

[μιμνήσκω (?)]

μερίζω cf. μέρος

μέριμνα

ἀμέριμνος	×	—	×	—
μέριμνα	×	—	×	×
μεριμνάω	×	—	×	—
προμεριμνάω	×	—	—	—

[μάρτυς (?)]

μέρος cf. *(μεμψί)μοιρος

διαμερίζω	×	×	—	—
διαμερισμός	×	—	—	—
μερίζω	×	—	×	×
μερίς	×	×	×	—
μερισμός	—	—	—	×
μεριστής	×	—	—	—
μέρος	×	×	×	×
πολυμερῶς	—	—	—	×
συνμερίζομαι	—	—	×	—

μέσος

μεσημβρία	—	×	—	—

μεσιτεύω	—	—	—	×
μεσίτης	—	—	×	×
μεσονύκτιον	×	×	—	—
μέσος	×	×	×	×
μεσότοιχον	—	—	×	—
μεσουράνημα	—	—	—	×
μεσόω	×	—	—	—

Μεσοποταμία	—	×	—	—

[μετά (?)]

*μεστόομαι...

μετά

ἀμετάθετος	—	—	—	×
ἀμετακίνητος	—	—	×	—
ἀμεταμέλητος	—	—	×	—
ἀμετανόητος	—	—	×	—
εὐμετάδοτος	—	—	×	—
μεθ-				
μετ-				
μετά	×	×	×	×
μετα-				
συνμέτοχος	—	—	×	—

[μέσος (?), μέχρι (?)]

*μετεωρίζομαι

[μετά αἴρω, *ἀήρ (?)]

μέτρον

ἄμετρος	—	—	×	—
ἀντιμετρέομαι	×	—	—	—
μετρέω	×	—	×	×
μετρητής	×	—	—	—
μετριοπαθέω	—	—	—	×
μετρίως	—	×	—	—
μέτρον	×	—	×	×
σιτομέτριον	×	—	—	—

[μήν (-ηνός) (?), *μόδιος (?)]

*μέχρι cf. *ἄχρι

   [μετά (?) χείρ (?)]

μή

  ἐάν μή   × × × ×
  εἰ μή   × × × ×
  ἵνα μή   × × × ×
  μή   × × × ×
  οὐ μή   × × × ×
  μήγε cf. εἰ δὲ μήγε
  μηδαμῶς   — × — —
  μηδέ   × × × ×
  μηδείς   × × × ×
  μηδέποτε   — — × —
  μηδέπω   — — — ×
  μηθείς   — × — —
  μηκέτι   × × × ×
  μήποτε   × × × ×
  μήπου cf. μή
  μήπω   — — × ×
  μήπως cf. μή
  μήτε   × × × ×
  μήτιγε   — — × —

*μῆκος... cf. μακρός

*μήν

   [μέν]

μήν (-ηνός)

  μήν   × × × ×
  νεομηνία   — — × —
  νουμηνία cf. νεομηνία
  τετράμηνος   × — — —
  τρίμηνος   — — — ×

   [μέτρον (?)]

μήτηρ

  ἀμήτωρ   — — — ×
  μήτηρ   × × × ×

μήτρα   × — × —
μητρολώης   — — × —

Δημήτριος   — × — ×

   [*μάμμη, *μαστός (?)]

μιαίνω

  ἀμίαντος   — — — ×
  μιαίνω   × — × ×
  μίασμα   — — — ×
  μιασμός   — — — ×

μίγνυμι

  μίγμα   × — — —
  μίγνυμι   × — — ×
  συναναμίγνυμαι   — — × —

*μικρόν...

μιμέομαι

  μιμέομαι   — — × ×
  μιμητής   — — × ×
  συμμιμητής   — — × —

(μιμνήσκω)

  ἀναμιμνήσκω   × — × ×
  ἀνάμνησις   × — × ×
  ἐπαναμιμνήσκω   — — × —
  μιμνήσκομαι   × × × ×
  μνεία   — — × —
  μνῆμα   × × — ×
  μνημεῖον   × × — —
  μνήμη   — — — ×
  μνημονεύω   × × × ×
  μνημόσυνον   × × — —
  ὑπομιμνήσκω   × — × ×
  ὑπόμνησις   — — × ×

μνηστεύομαι   × — — —

   [μαίνομαι, *αὐτόματος, *Παρμενᾶς, μανθάνω (?), μένω (?), *Κλήμης (?)]

μισθός

ἀντιμισθία	—	—	×	—
μισθαποδοσία	—	—	—	×
μισθαποδότης	—	—	—	×
μίσθιος	×	—	—	—
μισθός	×	×	×	×
μισθόομαι	×	—	—	—
μίσθωμα	—	×	—	—
μισθωτός	×	—	—	—

μν(ε,η)- cf. μιμνήσκω

*μογι(λάλος)... cf. *μόχθος, μόλις

*μόδιος

[μέτρον (?)]

*(μεμψί)μοιρος cf. μέρος

*μοιχαλίς...

μόλις cf. *μογι(λάλος)...

[*μέλλω (?), *μαλιστα... (?)]

*μολύνω...

[*μέλας (?), μώλωψ (?)]

μομφή cf. μέμφομαι

μονή cf. μένω

*μονο(γενής)...

μορφή

μεταμορφόομαι	×	—	×	—
μορφή	×	—	×	—

μορφόομαι   — — × —
μόρφωσις   — — × —
συμμορφίζομαι   — — × —
σύμμορφος   — — × —

*μοσχο(ποιέω)...

*μόχθος cf. *μογι(λάλος)...

μυέομαι cf. μύω

μῦθος

μῦθος	—	—	×	×
παραμυθέομαι	×	—	×	—
παραμυθία	—	—	×	—
παραμύθιον	—	—	×	—

[μύω, *μυκάομαι, μυκτηρίζω]

*μυκάομαι

[μύω, μῦθος, μυκτηρίζω]

(μυκτηρίζω)

ἐκμυκτηρίζω	×	—	—	—
μυκτηρίζομαι	—	—	×	—

[μύω, μῦθος, *μυκάομαι]

*μυλικός...

[*μαλακία... (?)]

μυριάς cf. μυρίος

μυρίζω cf. μύρον

μυρίος

δισμυριάς cf. δίς

μυριάς	×	×	—	×
μυρίος	×	—	×	—

μύρον

μυρίζω	×	—	—	—
μύρον	×	—	—	×

[*σμύρνα... (?)]

(μύω)

καμμύω	×	×	—	—
μυέομαι	—	—	×	—
μυστήριον	×	—	×	×
μυωπάζω	—	—	—	×

[μῦθος, *μυκάομαι, μυκτηρίζω, *μω-ραίνω... (?)]

μώλωψ cf. ὀπ-

[*μέλας (?), *μολύνω... (?)]

μῶμος

ἀμώμητος	—	—	—	×
ἄμωμος	—	—	×	×
μωμάομαι	—	—	×	—
μῶμος	—	—	—	×

[*κιννάμωμον (?)]

*μωραίνω...

[μύω (?)]

N

ν- cf. ἀ-

[*νηστεία..., *νωθρός (?)]

ναί

ναί	×	×	×	×

νή	—	—	×	—

[ἐκεῖνος (?)]

ναός

ναός	×	×	×	×
νεωκόρος	—	×	—	—

*(κατα)ναρκάω

[*Νάρκισσος (?)]

*Νάρκισσος

[*(κατα)ναρκάω (?)]

*ναυ(αγέω)...

νεανί- cf. νέος

[*ἀνεμίζομαι... (?)]

*(φιλο)νεικία...

[νίκη (?)]

*νεκρός...

(νέμω) cf. νόμος

ἀπονέμω	—	—	—	×
διανέμομαι	—	×	—	—
κατακληρονομέω	—	×	—	—
κληρονομέω	×	—	×	×
κληρονομία	×	×	×	×
κληρονόμος	×	—	×	×
νομή	×	—	×	—
οἰκονομέω	×	—	—	—
οἰκονομία	×	—	×	—
οἰκονόμος	×	—	×	×
συνκληρονόμος	—	—	×	×

νέος

ἀνανεόομαι	—	—	×	—
νεανίας	—	×	—	—
νεανίσκος	×	×	—	×
νεομηνία	—	—	×	—
νέος	×	×	×	×
νεότης	×	×	×	—
νεόφυτος	—	—	×	—
νεωτερικός	—	—	×	—

νουμηνία cf. νεομηνία

νοσσιά	×	—	—	—
νοσσίον	×	—	—	—
νοσσός	×	—	—	—

[*ἀνεμίζομαι... (?)]

νεύω

διανεύω	×	—	—	—
ἐκνεύω	×	—	—	—
ἐννεύω	×	—	—	—
ἐπινεύω	—	×	—	—
κατανεύω	×	—	—	—
νεύω	×	×	—	—
συνκατανεύω	—	×	—	—

[νύσσω (?), *νυστάζω (?)]

νεφέλη

νεφέλη	×	×	×	×
νέφος	—	—	—	×

[*ὄμβρος (?)]

νεω(κόρος) cf. νάος

νεωτερικός cf. νέος

νή cf. ναί

*νηπιάζω...

[*ἤπιος (?)]

*νησίον...

[*νότος (?)]

*νηστεία...

[ν- ἐσθίω]

νήφω

ἀνανήφω	—	—	×	—
ἐκνήφω	—	—	×	—
νηφάλιος	—	—	—	—
νήφω	—	—	×	×

νίκη

νικάω	×	—	×	×
νίκη	×	—	—	—
νῖκος	×	—	×	—
ὑπερνικάω	—	—	×	—

Ἀνδρόνικος	—	—	×	—
Βερνίκη	—	×	—	—
Εὐνίκη	—	—	×	—
Νικάνωρ	—	—	×	—
Νικόδημος	×	—	—	—
Νικολαΐτης	—	—	—	×
Νικόλαος	—	×	—	—
Νικόπολις	—	—	×	—

[*φιλονεικία... (?)]

(νίπτω)

ἄνιπτος	×	—	—	—
ἀπονίπτω	×	—	—	—
νιπτήρ	×	—	—	—

νο(ε,η,ι)- cf. νοῦς

νόμος cf. νέμω

ἀνομία	×	—	×	×
ἄνομος	×	×	×	×
ἀνόμως	—	—	×	—

ἔννομος	—	×	×	—
νομίζω	×	×	×	—
νομικός	×	—	×	—
νομίμως	—	—	×	—
νόμισμα	×	—	—	—
νομοδιδάσκαλος	×	×	×	—
νομοθεσία	—	—	×	—
νομοθετέω	—	—	—	×
νομοθέτης	—	—	—	×
νόμος	×	×	×	×
παρανομέω	—	×	—	—
παρανομία	—	—	—	×

*νοσέω...

νοσσ- cf. νέος

*νοσφίζομαι

[*νῶτος (?)]

*νότος

[*νησίον... (?)]

νουμηνία cf. νέος

νοῦς

ἀμετανόητος	—	—	×	—
ἀνόητος	×	—	×	—
ἄνοια	×	—	×	—
διανόημα	×	—	—	—
διάνοια	×	—	×	×
δυσνόητος	—	—	—	×
ἔννοια	—	—	—	×
ἐπίνοια	—	×	—	—
εὐνοέω	×	—	—	—
εὔνοια	—	—	×	—
κατανοέω	×	×	×	×
μετανοέω	×	×	×	×
μετάνοια	×	×	×	×
νοέω	×	—	×	×
νόημα	—	—	×	—
νουθεσία	—	—	×	—

νουθετέω	—	×	×	—
νουνεχῶς	×	—	—	—
νοῦς	×	—	×	×
προνοέω	—	—	×	—
πρόνοια	—	×	×	—
ὑπονοέω	—	×	—	—
ὑπόνοια	—	—	×	—

-νυκτ- cf. νύξ

νύμφη

νύμφη	×	—	—	×
νυμφίος	×	—	—	×
νυμφών	×	—	—	—

Νύμφα	—	—	×	—

νῦν

νῦν	×	×	×	×
νυνί	—	×	×	×
τοίνυν	×	—	—	×

νύξ

διανυκτερεύω	×	—	—	—
ἔννυχα	×	—	—	—
μεσονύκτιον	×	×	—	—
νύξ	×	×	×	×
νυχθήμερον	—	—	×	—

νύσσω

κατάνυξις	—	—	×	—
κατανύσσομαι	—	×	—	—
νύσσω	×	—	—	—

[νεύω (?)]

*νυστάζω

[νεύω (?)]

νυχ- cf. νύξ

*νωθρός

[ν- (?) ὠθέω (?)]

*νῶτος

[*νοσφίζομαι (?)]

Ξ

ξένος

ξενία	—	×	×	—
ξενίζω	—	×	—	×
ξενοδοχέω	—	—	×	—
ξένος	×	×	×	×
φιλοξενία	—	—	×	×
φιλόξενος	—	—	×	×

*ξέστης

[ἔξ]

*ξηραίνω...

*(μετα)ξύ

[σύν (?)]

*ξύλινος...

[*ὕλη (?)]

Ο

ὁ

ὁ	×	×	×	×
ὅδε	×	×	—	×
ὧδε	×	×	×	×

———

τοὐναντίον	—	—	×	×
τοὔνομα	×	—	—	—

[οὗτος; το-]

*ὀγδοή(κοντα)... cf. *ὀκτα(ήμερος)...

ὄγκος cf. ἐνεγκεῖν

ὄγκος	—	—	—	×
ὑπέρογκος	—	—	—	×

[*(δι)ηνεκής]

ὁδός

ἄμφοδον	×	×	—	—
διέξοδος	×	—	—	—
διοδεύω	×	×	—	—
εἴσοδος	—	×	×	×
ἔξοδος	—	—	—	×
εὐοδόομαι	—	—	×	×
μεθοδία	—	—	—	×
ὁδεύω	×	—	—	—
ὁδηγέω	×	×	—	×
ὁδηγός	×	×	×	×
ὁδοιπορέω	—	—	×	—
ὁδοιπορία	×	—	—	—
ὁδοποιέω	×	—	—	—
ὁδός	×	×	×	×
πάροδος	—	—	×	—
συνοδεύω	—	×	—	—
συνοδία	×	—	—	—

———

Εὐοδία	—	—	×	—

*ὀδούς

[*ὀδυνάομαι.., *ὀδυρμός, *δάκνω (?)]

*ὀδυνάομαι...

[*ὀδούς, *ὀδυρμός]

*ὀδυρμός

[*ὀδούς, *ὀδυνάομαι... *πτύρομαι (?)]

ὄζω

εὐωδία	—	—	×	—
ἡδύοσμον	×	—	—	—

	1	2	3	4
ὄζω	×	—	—	—
ὀσμή	×	—	×	—
ὄσφρησις	· —	—	×	—

*ὀθόνη...

(οἴγω)

	1	2	3	4
ἀνοίγω	×	×	×	×
ἄνοιξις	—	—	×	—
διανοίγω	×	×	—	—

οἶδα cf. εἶδον

οἶκος

	1	2	3	4
ἐνκατοικέω	—	—	—	×
ἐνοικέω	—	×	—	—
κατοικέω	×	×	×	×
κατοίκησις	×	—	—	—
κατοικητήριον	—	—	×	×
κατοικία	—	×	—	—
κατοικίζω	—	—	—	×
μετοικεσία	×	—	—	—
μετοικίζω	—	×	—	—
οἰκεῖος	—	—	×	—
οἰκετεία	×	—	—	—
οἰκέτης	×	×	×	×
οἰκέω	—	—	—	×
οἴκημα	—	×	—	—
οἰκητήριον	—	—	×	×
οἰκία	×	×	×	×
οἰκιακός	×	—	—	—
οἰκοδεσποτέω	×	×	—	×
οἰκοδομ- cf. infra				
οἰκονομέω	×	—	—	—
οἰκονομία	×	—	×	—
οἰκονόμος	×	—	×	×
οἶκος	×	×	×	×
οἰκουμένη	×	×	×	×
οἰκουργός	—	—	×	—
πανοικεί	—	×	—	—
παροικέω	×	—	—	×
παροικία	—	×	—	—
πάροικος	—	×	×	×
περιοικέω	×	—	—	—

	1	2	3	4
περίοικος	×	—	—	—
συνοικέω	—	—	—	×
ἀνοικοδομέω	—	×	—	—
ἐποικοδομέω	—	—	×	×
οἰκοδομέω	×	×	×	×
οἰκοδομή	×	—	×	—
οἰκοδόμος	—	×	—	—
συνοικοδομέω	—	—	×	—

*οἰκτείρω...

οἶνος

	1	2	3	4
οἰνοπότης	×	—	—	—
οἶνος	×	—	×	×
οἰνοφλυγία	—	—	—	×
πάροινος	—	—	×	—

(ἄν)οιξις cf. οἴγω

οἶος cf. ὅς

*(παρ)οίχομαι

[ἴχνος (?)]

*ὀκνέω...

*ὀκτα(ήμερος)... cf. *ὀγδοή(κοντα)...

ὄλεθρος cf. ὄλλυμι

*ὀλίγο(πιστία)... cf. ἐλαχύς

(ὄλλυμι)

	1	2	3	4
ἀπόλλυμι	×	×	· ×	×
ἀπώλεια	×	×	×	×
ἐξολεθρεύομαι	—	×	—	—
ὄλεθρος	—	—	×	—

ὀλοθρευτής	—	—	×	—
ὀλοθρεύω	—	—	—	×
συναπόλλυμαι	—	—	—	×

Ἀπολλύων	—	—	—	×

ὀλοθρευ- cf. ὄλλυμι

ὅλος

καθόλου	—	×	—	—
ὁλοκαύτωμα	×	—	—	×
ὁλοκληρία	—	×	—	—
ὁλόκληρος	—	—	×	·×
ὅλος	×	×	×	×
ὁλοτελής	—	—	×	—
ὅλως	×	—	×	—

*ὄμβρος

[νεφέλη (?)]

ὁμιλέω

ὁμιλέω	×	×	—	—
ὁμιλία	—	—	×	—
συνομιλέω	—	×	—	—

[ὁμός (?)]

ὄμμα cf. ὀπ-

ὀμνύω

ὀμνύω	×	×	—	×
ὁρκωμοσία	—	—	—	×
συνωμοσία	—	×	—	—

ὁμοι- cf. ὁμός

ὁμολογέω cf. ὁμός λέγω

ἀνθομολογέομαι	×	—	—	—
ἐξομολογέω	×	×	×	×

ὁμολογέω	×	×	×	×
ὁμολογία	—	—	×	×
ὁμολογουμένως	—	—	×	—

(ὁμός) cf. ὁμολογέω

ἀφομοιόομαι	—	—	—	×
ὁμοθυμαδόν	—	×	×	—
ὁμοιάζω	×	—	—	—
ὁμοιοπαθής	—	×	—	×
ὅμοιος	×	×	×	×
ὁμοιότης	—	—	—	×
ὁμοιόω	×	×	×	×
ὁμοίωμα	—	—	×	×
ὁμοίως	×	—	×	×
ὁμοίωσις	—	—	—	×
ὁμότεχνος	—	×	—	—
ὁμοῦ	×	×	—	—
ὁμόφρων	—	—	—	×
ὅμως	×	—	×	—
παρομοιάζω	×	—	—	—
παρόμοιος	×	—	—	—
συνομορέω (cf. ὅρος)	—	×	—	—

[ἁ-, ὁμιλέω (?)]

ὀνάριον cf. ὄνος

*ὀνειδίζω...

Ὀνησι- cf. ὀνίναμαι

ὀνικός cf. ὄνος

ὀνίναμαι

ὀνίναμαι	—	—	×	—

Ὀνήσιμος	—	—	×	—
Ὀνησίφορος	—	—	×	—

ὄνομα

ἐπονομάζομαι	—	—	×	—
εὐώνυμος	×	×	—	×

ὄνομα	× × × ×
ὀνομάζω	× × × —
τοὔνομα	× — — —
ψευδώνυμος	— — × —

ὄνος

ὀνάριον	× — — —
ὀνικός	× — — —
ὄνος	× — — —

ὄντως cf. εἰμί

ὀξύς

ὄξος	× — — —
ὀξύς	— — × —
παροξύνομαι	— × × —
παροξυσμός	— × — ×

[*ἀκρο(βυστία)...]

ὀπ- cf. ὁράω(ὄψομαι, etc.), πρόσωπον

ἀντοφθαλμέω	— × — —
αὐτόπτης	× — — —
ἐνώπιον	× × × ×
ἐποπτεύω	— — — ×
ἐπόπτης	— — — ×
ἔσοπτρον	— — × —
κατενώπιον	— — × —
κατοπτρίζομαι	— — × —
μέτωπον	— — — ×
μονόφθαλμος	× — — —
μυωπάζω	— — — ×
μώλωψ	— — — ×
ὄμμα	× — — —
ὀπή	— — — ×
ὀπτάνομαι	— × — —
ὀπτασία	× × × —
ὀφθαλμοδουλία	— — × —
ὀφθαλμός	× × × ×
ὄψις	× — — ×
σκυθρωπός	× — — —
ὑπωπιάζω	× — × —

Αἰθίοψ	— × — —

[ἀστραπή, ἄνθρωπος (?)]

ὀπ(ι)-

ὄπισθεν	× — — ×
ὀπίσω	× × × ×
ὀπώρα	— — — ×
φθινοπωρινός	— — — ×

[*ὀψέ..., ἐπί]

ὅπλον

καθοπλίζομαι	× — — —
ὁπλίζομαι	— — — ×
ὅπλον	× — × —
πανοπλία	× — × —

ὀπτ- cf. ὀπ-

ὀπωρ- cf. ὀπ(ι)-

ὁράω cf. θεωρέω, εἶδον, ὀπ-

ἀόρατος	— — × ×
ἀφοράω	— — × ×
καθοράω	— — × —
ὅραμα	× × — —
ὅρασις	— × — ×
ὁρατός	— × — —
ὁράω	× × × ×
προοράω (cf. προεῖδον)	— × — —

κηπουρός	× — — —
θυρωρός	× — — —

ὀλιγωρέω	— — — ×
τιμωρέω	— × — —
τιμωρία	— — — ×

φρουρέω	— — × —

ὀργή

ὀργή	× — × ×
ὀργίζομαι	× — × ×
ὀργίλος	— — × —

παροργίζω	—	—	×	—
παροργισμός	—	—	×	—

[ῥώννυμαι (?)]

*ὀργυιά cf. ὀρέγομαι

ὀρέγομαι cf. *ὀργυιά

ὀρέγομαι	—	—	×	×
ὄρεξις	—	—	×	—

ὀρεινός cf. ὄρος

ὄρεξις cf. ὀρέγομαι

ὀρθός

ἀνορθόω	×	×	—	×
διόρθωμα	—	×	—	×
διόρθωσις	—	—	—	×
ἐπανόρθωσις	—	—	×	—
ἐπιδιορθόω	—	—	×	—
ὀρθοποδέω	—	—	×	—
ὀρθός	—	×	—	×
ὀρθοτομέω	—	—	×	—
ὀρθῶς	×	—	—	—

[*ὀρθρίζω... (?)]

*ὀρθρίζω...

[ὀρθός (?)]

ὀρθω- cf. ὀρθός

ὀρίζω cf. ὄρος

ὀρινός cf. ὄρος

ὅρκος

ἐνορκίζω	—	—	×	—
ἐξορκίζω	×	—	—	—

ἐξορκιστής	—	×	—	—
ἐπιορκέω	×	—	—	—
ἐπίορκος	—	—	×	—
ὁρκίζω	×	×	—	—
ὅρκος	×	×	—	×
ὁρκωμοσία	—	—	—	×

ὁρμή

ἀφορμή	×	—	×	—
ὁρμάω	×	×	—	—
ὁρμή	—	×	—	×
ὅρμημα	—	—	—	×

[ὄρος (?), *(προσ)ορμίζομαι (?), *ἐρε-θίζω (?), ἔρχομαι (?), *(κονι)ορτός (?)]

*(προσ)ορμίζομαι

[ὁρμή (?)]

*ὄρνεον...

ὄρος

ὀρεινός	×	—	—	—
ὀρινός cf. ὀρεινός				
ὄρος	×	×	×	×

[ὁρμή (?), ἔρχομαι (?); *οὐρά (?)]

(ὅρος)

ἀποδιορίζω	—	—	—	×
ἀφορίζω	×	×	×	—
ὁρίζω	×	×	×	×
ὅριον	×	×	—	—
ὁροθεσία	—	×	—	—
προορίζω	—	×	×	—
συνομορέω	—	×	—	—

[ὀρύσσω (?)]

*(κονι)ορτός

[ὁρμή (?), *ἐρεθίζω (?)]

ὀρύσσω

  διορύσσω   × — — —
  ἐξορύσσω   × — × —
  ὀρύσσω   × — — —

  [ὄρος (?)]

ὀρφανός

  ἀπορφανίζω   — — × —
  ὀρφανός   × — — ×

*ὀρχέομαι

  [ἔρχομαι (?)]

ὅς

  διό   × × × ×
  διόπερ   — — × —
  διότι   × × × ×
  καθά   × — — —
  καθάπερ   — — × ×
  καθό   — — × ×
  καθότι   × × — —
  ὅθεν   × × — ×
  οἷος   — — × ×
  ὁποῖος   — × × ×
  ὁπότε   × — — —
  ὅπου   × × × ×
  ὅπως   × × × ×
  ὅς   × × × ×
  ὁσάκις   — — × ×
  ὅσος   × × × ×
  ὅστις   × × × ×
  ὅταν   × × × ×
  ὅτε   × × × ×
  ὅτι   × × × ×
  οὖ   × × × ×
  πάντοτε   × — × ×

  [*ἡλίκος, ὡς, *ἡνίκα (?)]

ὅσιος

  ἀνόσιος   — — × —
  ὅσιος   — × × ×

ὁσιότης   × — × —
ὁσίως   — — × —

  [ἐτάζω (?)]

ὀσμ- cf. ὄζω

*ὀστέον

  [*ὀστράκινος (?), *ὀσφύς (?)]

*ὀστράκινος

  [*ὀστέον (?), *ὀσφύς (?)]

ὄσφρησις cf. ὄζω

*ὀσφύς

  [*ὀστέον (?), *ὀστράκινος (?)]

ὀτ- cf. ὅς

οὐ cf. οὐδέ

  εἰ οὐ   × × × ×
  οὔ   × — × ×
  οὐ, οὐκ, οὐχ   × × × ×
  οὐκέτι   × × × ×
  οὐκοῦν   × — — —
  οὐ μή   × × × ×
  οὔπω   × — × ×
  οὔτε   × × × ×
  οὐχί   × × × ×

οὖ cf. ὅς

οὐδέ cf. οὐ

  ἐξουδενέω   × — — —
  ἐξουθενέω   × × × —
  οὐδαμῶς   × — — —
  οὐδέ   × × × ×

οὐδείς	×	×	×	×
οὐδέποτε	×	×	×	×
οὐδέπω	×	×	—	—
οὐθείς	×	×	×	—

οὖν

μενοῦν	×	—	—	—
μενοῦνγε	—	×	—	—
οὐκοῦν	×	—	—	—
οὖν	×	×	×	×
τοιγαροῦν	—	—	×	×

*οὐρά

[ὄρος (?)]

οὐρανός

ἐπουράνιος	×	—	×	×
μεσουράνημα	—	—	—	×
οὐράνιος	×	×	—	—
οὐρανόθεν	—	×	—	—
οὐρανός	×	×	×	×

-ουργ- cf. ἔργον

οὖς

ἐνωτίζομαι	—	×	—	—
οὖς	×	×	×	×
ὠτάριον	×	—	—	—
ὠτίον	×	—	—	—

[ἀκροάομαι, ἀκούω (?)]

οὐσία cf. εἰμί

*(ἐπι)ούσιος

[εἰμί (?), εἶμι (?)]

(περι)ούσιος cf. εἰμί

οὗτος

οὗτος	×	×	×	×
οὕτως	×	×	×	×
τηλικοῦτος	—	—	×	×
τοιοῦτος	×	×	×	×
τοσοῦτος	×	×	×	×

[ὁ]

(κακ)ουχέομαι cf. ἔχω

ὀφείλω

ὀφειλέτης	×	—	×	—
ὀφειλή	×	—	×	—
ὀφείλημα	×	—	×	—
ὀφείλω	×	×	×	×
ὄφελον	—	—	×	×
προσοφείλω	—	—	×	—
χρεοφειλέτης	×	—	—	—

[ὄφελος (?)]

ὄφελος

ἀνωφελής	—	—	×	×
ὄφελος	—	—	×	×
ὠφέλεια	—	—	×	×
ὠφελέω	×	—	×	×
ὠφέλιμος	—	—	×	—

[ὀφείλω (?)]

ὀφθαλμ- cf. ὀπ-

*ὄφις

[*ἔχιδνα (?)]

('Αντι)όχεια cf. ἔχω

*ὀχετός

[ὄχλος]

<table>
<tr><td>('Αντι)οχεύς cf. ἔχω</td><td></td></tr>
</table>

-οχή cf. ἔχω

*(προσ)οχθίζω

    [*ἔχθρα... (?)]

ὄχλος

ἐνοχλέω	×	—	—	×
ὀχλοποιέω	—	×	—	—
ὄχλος	×	×	—	×
παρενοχλέω	—	×	—	—

    [*ὀχετός]

-οχος cf. ἔχω

*ὀχύρωμα

    [ἔχω (?)]

ὀψάριον cf. ὄψον

*ὀψέ...

    [ὀπ(ι)-]

(παρ)οψίς cf. ὄψον

ὄψις cf. ὀπ-

(ὄψον)

ὀψάριον	×	—	—	—
ὀψώνιον	×	—	×	—
παροψίς	×	—	—	—

    [ψάω]

Π

*παγιδεύω...

    [Πάγος, πήγνυμι]

Πάγος

Ἄρειος Πάγος	—	×	—	—
Ἀρεοπαγίτης	—	×	—	—
Πάγος cf. Ἄρειος Πάγος				

    [*παγιδεύω..., πήγνυμι]

παθ- cf. πάσχω

(ἐμ)παιγμ- cf. παῖς

παιδ- cf. παῖς

παίζω cf. παῖς

ἐμπαιγμονή	—	—	—	×
ἐμπαιγμός	—	—	—	×
ἐμπαίζω	×	—	—	—
ἐμπαίκτης	—	—	—	×
παίζω	—	—	×	—

παῖς cf. παίζω

ἀπαίδευτος	—	—	×	—
παιδαγωγός	—	—	×	×
παιδάριον	×	—	—	—
παιδεία	—	—	×	×
παιδευτής	—	—	×	×
παιδεύω	×	×	×	×
παιδία cf. παιδεία				
παιδιόθεν	×	—	—	—
παιδίον	×	—	×	×
παιδίσκη	×	×	×	—
παῖς	×	×	—	—

    [*πῶλος (?)]

*παίω

    [παύω (?)]

πάλαι

ἔκπαλαι	—	—	—	×
πάλαι	×	—	×	×
παλαιός	×	—	×	×
παλαιότης	—	—	×	—
παλαιόω	×	—	—	×

[*πάλιν..., τέλος, *τηλαυγῶς, κύκλος, *κολωνία, πωλέω (?)]

*πάλιν...

[πάλαι, κύκλος, τέλος, *τηλαυγῶς, *κολωνία]

Παμφυλία cf. πᾶς

παν- cf. πᾶς

παρά

ἀντιπαρέρχομαι	×	—	—	—
ἀπαράβατος	—	—	—	×
ἀπαρασκεύαστος	—	—	×	—
διαπαρατριβή	—	—	×	—
εὐπάρεδρος	—	—	×	—
παρ-				
παρά	×	×	×	×
παρα-				
πατροπαράδοτος	—	—	—	×
συνπαραγίνομαι	×	—	—	—
συνπαρακαλέομαι	—	—	×	—
συνπαραλαμβάνω	—	×	×	—
συνπάρειμι	—	×	—	—

[πέρα, περί, *πρίν, πρό, πρός]

παράλιος cf. ἅλς

*παρθενία...

*Παρμενᾶς

[παρά μιμνήσκω]

παρρησι- cf. πᾶς ἐρῶ

-πας cf. πατήρ

πᾶς

ἅπας	×	×	×	×
διαπαντός cf. διά				
πανδοχεῖον	×	—	—	—
πανδοχεύς	×	—	—	—
πανήγυρις	—	—	—	×
πανοικεί	—	×	—	—
πανοπλία	×	—	—	—
πανουργία	×	—	×	—
πανοῦργος	—	—	×	—
πανπληθεί	×	—	—	—
πανταχῇ	—	—	×	—
πανταχοῦ	×	×	×	—
παντελής	×	—	—	×
πάντη	—	—	×	—
παντόθεν	×	—	—	×
παντοκράτωρ	—	—	—	—
πάντοτε	×	×	×	—
πάντως	×	×	×	—
παρρησία	×	×	×	×
παρρησιάζομαι	—	—	×	—
πᾶς	×	×	×	×

Παμφυλία	—	×	—	—

πάσχω

κακοπάθεια	—	—	—	×
κακοπαθέω	—	—	×	×
μετριοπαθέω	—	—	—	×
ὁμοιοπαθής	—	—	×	×
πάθημα	—	—	×	×
παθητός	—	×	—	—
πάθος	—	—	×	—
πάσχω	×	×	×	×
πραϋπαθία	—	—	×	—
προπάσχω	—	—	×	—
συμπαθής	—	—	—	×
συνκακοπαθέω	—	—	×	—
συνπαθέω	—	—	—	×
συνπάσχω	—	—	×	—

[*πενθέω..., *πενθερά... (?), *φάτνη (?)]

πατέω

ἐνπεριπατέω	—	— ×	—
καταπατέω	×	— —	×
πατέω	×	— —	×
περιπατέω	×	× ×	×

[πόντος (?)]

πατήρ

ἀπάτωρ	—	— —	×
πατήρ	×	× ×	×
πατριά	×	× ×	—
πατριάρχης	—	— ×	×
πατρικός	—	— ×	—
πατρίς	×	× —	×
πατρολῴης	—	— ×	—
πατροπαράδοτος	—	— —	×
πατρῷος	—	— ×	—
προπάτωρ	—	— ×	—

'Αντίπας (?)	—	— —	×
'Αντιπατρίς	—	× —	×
Κλεόπας	×	— —	—
Πατρόβας	—	— ×	—
Σώπατρος	—	× —	—
Σωσίπατρος	—	— ×	—

*Παῦλος

[*φαῦλος (?)]

παύω

ἀκατάπαυστος	—	— —	×
ἀνάπαυσις	×	— —	×
ἀναπαύω	×	— ×	×
ἐπαναπαύομαι	×	— ×	—
κατάπαυσις	—	× —	×
καταπαύω	—	× —	×
παύω	×	× ×	×
συναναπαύομαι	—	— ×	—

[παίω (?)]

πε(δ,ζ)- cf. πούς

πείθω

ἀναπείθω	—	× —	—
ἀπείθεια	—	— ×	×
ἀπειθέω	×	× ×	×
ἀπειθής	×	× ×	—
ἀπειθία cf. ἀπείθεια			
εὐπειθής	—	— —	×
πειθαρχέω	—	× ×	—
πειθός	—	— ×	—
πείθω	×	× ×	×
πεισμονή	—	— ×	—
πεποίθησις	—	— —	—
πιθανολογία	—	— ×	—
πιθός cf. πειθός			

[πιστός]

πειν-

πεινάω	×	— ×	×
πρόσπεινος	—	× —	—

[πένομαι (?)]

πεῖρα

ἀπείραστος	—	— —	×
ἄπειρος	—	— —	×
ἐκπειράζω	×	— ×	—
πεῖρα	—	— —	×
πειράζω	×	× ×	×
πειράομαι	—	× —	—
πειρασμός	×	× ×	×
περιπείρω	—	— ×	—

[πέρα (?), πόρος (?)]

*(ἀνά)πειρος cf. *(ἀνά)πηρος

(ἄ)πειρος, (περι)πείρω cf. πεῖρα

πεισμονή cf. πείθω

*πέλαγος

[*πλάξ, *πλάσμα...]

πέμπτος cf. πέντε

πέμπω

ἀναπέμπω	×	×	×	—
ἐκπέμπω	—	×	—	—
μεταπέμπομαι	—	×	—	—
πέμπω	×	×	×	×
προπέμπω	—	×	×	×
συνπέμπω	—	—	×	—

πένης cf. πένομαι

*πενθερά...

   [*φάτνη, πάσχω (?)]

*πενθέω...

   [πάσχω]

(πένομαι)

πένης	—	—	×	—
πενιχρός	×	—	—	—

   [πόνος, πειν- (?)]

πέντε

δεκαπέντε	×	×	×	—
πέμπτος	—	—	—	×
πεντάκις	—	—	×	—
πεντακισχίλιοι	×	—	—	—
πεντακόσιοι	×	—	×	—
πέντε	×	×	×	×
πεντεκαιδέκατος	×	—	—	—
πεντήκοντα	×	×	—	—
πεντηκοστή	—	×	×	—

-περ

διόπερ	—	—	×	—
ἐάνπερ	—	—	—	×
εἴπερ	—	—	×	—

ἐπειδήπερ	×	—	—	—
ἤπερ	×	—	—	—
καθάπερ	—	—	×	×
καθώσπερ	—	—	×	×
καίπερ	—	—	×	×
ὥσπερ	×	×	×	×
ὡσπερεί	—	—	×	—

   [περί]

(πέρα)

ἀντίπερα	×	—	—	—
ἀπέραντος	—	—	×	—
διαπεράω	×	×	—	—
περαιτέρω	—	×	—	—
πέραν	×	—	—	—
πέρας	×	—	×	×

   [πράσσω, *πιπράσκω; περί; παρά, *πρίν,
   πρό, πρός; πεῖρα (?), *πέρυσι (?)]

*Πέργαμος

   [*πύργος (?)]

περί cf. περισσός

ἀπερισπάστως	—	—	×	—
ἀπερίτμητος	—	×	—	—
ἐνπεριπατέω	—	—	×	—
εὐπερίστατος	—	—	—	×
περί	×	×	×	×
πέριξ	—	×	—	—
περι-				
συνπεριλαμβάνω	—	×	—	—

   [-περ, πόρος; παρά, πέρα, *πρίν, πρό,
   πρός]

περισσός cf. περί

ἐκπερισσῶς	×	—	—	—
περισσεία	—	—	×	×
περίσσευμα	×	—	×	—
περισσεύω	×	×	×	—
περισσός	×	—	×	—
περισσότερος	×	—	×	×

περισσοτέρως	—	—	×	×
περισσῶς	×	×	—	—
ὑπερεκπερισσοῦ	—	—	×	—
ὑπερεκπερισσῶς	—	—	×	—
ὑπερπερισσεύω	—	—	×	—
ὑπερπερισσῶς	×	—	—	—

*πέρυσι

[πέρα (?) ἔτος (?)]

(πετάννυμι)

ἐκπετάννυμι	—	—	×	—
καταπέτασμα	×	—	—	×

πετεινόν cf. πέτομαι

-πετέω, -πετής cf. πίπτω

πέτομαι

πετεινόν	×	×	×	×
πέτομαι	—	—	—	×
πτηνός	—	—	×	—

[πίπτω, ποταμός (?), πταίω (?), *πτοέο-
μαι... (?), *πτύρομαι (?)]

πέτρα

πέτρα	×	—	×	×
πετρώδης	×	—	—	—
Πέτρος	×	×	×	×

*πήγανον

[πήγνυμι (?)]

*πηγή

[πήγνυμι (?)]

πήγνυμι

πήγνυμι	—	—	—	×
προσπήγνυμι	--	×	—	—
σκηνοπηγία	×	—	—	—

[ἅπαξ, *παγιδεύω..., Πάγος, *πήγα-
νον (?), *πηγή (?)]

πηδα- cf. πούς

*πηλίκος cf. *ἡλίκος

[πο-]

*(ἀνά)πηρος

[*ταλαιπωρέω... (?)]

*πιάζω...

[ἐπι (?) ἕζομαι (?)]

πιθ- cf. πείθω

πικρός

παραπικραίνω	—	—	—	×
παραπικρασμός	—	—	—	×
πικραίνω	—	—	×	×
πικρία	—	×	×	×
πικρός	—	—	—	×
πικρῶς	×	—	—	—

[ποικίλος]

πίμπλημι

ἀναπληρόω	×	—	×	—
ἀνταναπληρόω	—	—	×	—
ἐκπληρόω	—	×	—	—
ἐκπλήρωσις	—	×	—	—
ἐμπίμπλημι, -πιπλάω	×	×	×	×
πανπληθεί	×	—	—	—
πίμπλημι	×	×	—	—
πλῆθος	×	×	—	×

πληθύνω × × × ×
πλήθω cf. πίμπλημι
πλήρης × × — ×
πληροφορέω × — × —
πληροφορία — — × ×
πληρόω × × × ×
πλήρωμα × — × —
πλησμονή — — × ×
προσαναπληρόω — — × ×
συνπληρόω × × — —

[πλείων, πολύς]

πίμπρημι

ἐμπίμπρημι, -πρήθω × × — —
πίμπρημι — × — —

*πινακίδιον...

πίνω

καταπίνω × — × ×
οἰνοπότης × — — —
πίνω × × × ×
πόμα — — × ×
πόσις × — × —
ποτήριον × — × —
ποτίζω × — × ×
πότος — — — ×
συμπόσιον × — — —
συνπίνω — × — —
ὑδροποτέω — — × —

[*πιστικός (?)]

(ἐμ)πιπλάω cf. πίμπλημι

*πιπράσκω

[πέρα, πόρος; πόρνη, πράσσω]

πίπτω

ἀναπίπτω × — — —
ἀντιπίπτω — × — —

ἀποπίπτω — × — —
γονυπετέω × — — —
ἐκπίπτω — × × ×
ἐμπίπτω × — × ×
ἐπιπίπτω × × × ×
καταπίπτω × × — —
παραπίπτω — — — ×
παράπτωμα × — × —
περιπίπτω × × — ×
πίπτω × × × ×
προπετής — × — ×
προσπίπτω × × — —
πτῶμα × — — ×
πτῶσις × — — —
συνπίπτω × — — —

Διοπετής — × — —

[πέτομαι, ποταμός (?), πταίω (?), πτοέομαι... (?), *πτύρομαι (?)]

πιστεύω, -πιστέω, -ία cf. πιστός

*πιστικός

[πίνω (?), πιστός (?)]

πιστός

ἀπιστέω × × × ×
ἀπιστία × — × ×
ἄπιστος × × × ×
ὀλιγοπιστία × — — —
ὀλιγόπιστος × — — —
πιστεύω × × × ×
πίστις × × × ×
πιστόομαι — — × —
πιστός × × × ×

[πείθω, *πιστικός (?)]

πλανάω

ἀποπλανάω × — × —
πλανάω × — × ×
πλάνη × — × ×

πλανήτης — — — ×
πλάνος × — × ×

[*πλάξ etc. (?)]

*πλάξ

[*πέλαγος, *πλάσμα..., πλανάω (?),
*πλευρά (?), πλήσσω (?)]

-πλασίων

ἑκατονταπλασίων × — — —
ἑπταπλασίων × — — —
πολλαπλασίων × — — —

[-πλόος, πλέκω]

*πλάσμα...

[*πλάξ, *πέλαγος]

*πλατεῖα...

πλέγμα cf. πλέκω

πλείων cf. πολύς

πλεῖστος × — × —
πλείων × × × ×
πλεονάζω — — × ×
πλεονεκτέω — — × —
πλεονέκτης — — × —
πλεονεξία × — × ×
ὑπερπλεονάζω — — × —

[πίμπλημι]

πλέκω

ἐμπλέκω — — × ×
ἐμπλοκή — — — ×
πλέγμα — — × —
πλέκω × — — —

[-πλόος, -πλασίων]

πλεον- cf. πλείων

*πλευρά

[*πλάξ etc. (?)]

πλέω

ἀποπλέω — × — —
βραδυπλοέω — × — —
διαπλέω — × — —
ἐκπλέω — × — —
καταπλέω × — — —
παραπλέω — × — —
πλέω × × — ×
πλοιάριον × — — —
πλοῖον × × — ×
πλόος — × — —
ὑποπλέω — × — —

[πλοῦτος, *πλύνω]

πληγή cf. πλήσσω

πληθ- cf. πίμπλημι

πλήκτης cf. πλήσσω

*πλήν

[πλησίον]

πληρ- cf. πίμπλημι

πλησίον

παραπλήσιον — — × —
παραπλησίως — — — ×
πλησίον × × × ×

[*πλήν]

πλησμονή cf. πίμπλημι

πλήσσω

	1	2	3	4
ἐκπλήσσομαι	×	×	—	—
ἐπιπλήσσω	—	—	×	—
πληγή	×	×	×	×
πλήκτης	—	—	×	—
πλήσσω	—	—	—	×

[*πλάξ ε'c. (?)]

(βραδυ)πλοέω cf. πλέω

πλοι- cf. πλέω

(ἐμ)πλοκή cf. πλέκω

-πλόος

	1	2	3	4
ἁπλότης	—	—	×	—
ἁπλοῦς	×	—	×	—
ἁπλῶς	—	—	—	×
διπλόος	×	—	×	×
διπλόω	—	—	—	×
τετραπλόος	×	—	—	—

[-πλασίων, πλέκω]

πλόος cf. πλέω

(ἁ)πλότης, (ἁ)πλοῦς cf. -πλόος

πλοῦτος

	1	2	3	4
πλούσιος	×	—	×	×
πλουσίως	—	—	×	×
πλουτέω	×	—	×	×
πλουτίζω	—	—	×	—
πλοῦτος	×	—	×	×

[πλέω]

(δι)πλόω cf. -πλόος

*πλύνω

[πλέω]

(ἁ)πλῶς cf. -πλόος

πνέω

	1	2	3	4
ἐκπνέω	×	—	—	—
ἐνπνέω	—	×	—	—
θεόπνευστος	—	—	×	—
πνεῦμα	×	×	×	×
πνευματικός	—	—	×	×
πνευματικῶς	—	—	×	×
πνέω	×	×	—	×
πνοή	—	×	—	—
ὑποπνέω	—	×	—	—

πνίγω

	1	2	3	4
ἀποπνίγω	×	—	—	—
πνίγω	×	—	—	—
πνικτός	—	×	—	—
συνπνίγω	×	—	—	—

πνοή cf. πνέω

πο- cf. το-

	1	2	3	4
δήποτε	×	—	—	—
δήπου	—	—	—	×
εἴπως cf. εἰ				
μηδέποτε	—	—	×	—
μηδέπω	—	—	—	×
μήποτε	×	×	×	×
μήπου cf. μή				
μήπω	—	—	×	×
μήπως cf. μή				
ὁποῖος	—	×	×	×
ὁπότε	×	—	—	—
ὅπου	×	×	×	×
ὅπως	×	×	×	×
οὐδέποτε	×	×	×	×
οὐδέπω	×	×	—	—
οὔπω	×	—	×	×
πόθεν	×	—	—	×

ποῖος	×	×	×	×
ποσάκις	×	—	—	—
πόσος	×	×	×	×
ποταπός	×	—	—	×
ποτέ	×	—	×	×
πότε	×	—	—	×
πότερον	×	—	—	—
πού	—	×	×	×
ποῦ	×	—	×	×
πώποτε	×	—	—	×
πῶς	×	×	×	×

πως cf. εἴ πως, μή πως

[*πηλίκος, τίς]

ποδ- cf. πούς

πόθεν cf. πο-θεν

*(ἐπι)ποθέω...

[*Θεσσαλονικεύς... (?)]

ποιέω

ἀγαθοποιεῖν	×	—	—	×
ἀγαθοποιΐα	—	—	—	×
ἀγαθοποιός	—	—	—	×
ἀχειροποίητος	×	—	×	×
εἰρηνοποιέω	—	—	×	—
εἰρηνοποιός	×	—	—	—
εὐποιΐα	—	—	—	×
ζωοποιέω	×	×	×	×
κακοποιέω	×	—	×	×
κακοποιός	—	—	—	×
καλοποιέω	—	—	×	—
μοσχοποιέω	—	×	—	—
ὁδοποιέω	×	—	—	—
ὀχλοποιέω	—	×	—	—
περιποιέομαι	×	×	×	—
περιποίησις	—	—	×	×
ποιέω	×	×	×	×
ποίημα	—	—	×	—
ποίησις	—	—	—	×
ποιητής	—	×	×	×
προσποιέομαι	×	—	—	—

σκηνοποιός	—	×	—	—
συνζωοποιέω	—	—	×	—
χειροποίητος	×	×	×	×

ποικίλος

ποικίλος	×	—	×	×
πολυποίκιλος	—	—	×	—

[πικρός]

ποιμήν

ἀρχιποίμην	—	—	—	×
ποιμαίνω	×	×	×	×
ποιμήν	×	—	×	×
ποίμνη	×	—	×	—
ποίμνιον	×	×	—	×

ποῖος cf. πο-

πόλεμος

πολεμέω	—	—	—	×
πόλεμος	×	—	×	×

Πτολεμαΐς	—	×	—	—

[*ψάλλω... (?)]

πόλις

κωμόπολις	×	—	—	—
πόλις	×	×	×	×
πολιτάρχης	—	×	—	—
πολιτεία	—	×	×	—
πολίτευμα	—	—	×	—
πολιτεύομαι	—	×	×	—
πολίτης	×	×	—	×
συνπολίτης	—	—	×	—

Ἀμφίπολις	—	×	—	—
Δεκάπολις	×	—	—	—
Ἱεράπολις	—	—	×	—
Νικόπολις	—	—	×	—

πολύς cf. πλείων				
πολλάκις	×	×	×	×
πολλαπλασίων	×	—	—	—
πολυλογία	×	—	—	—
πολυμερῶς	—	—	—	×
πολυποίκιλος	—	—	×	—
πολύς	×	×	×	×
πολύσπλαγχνος	—	—	—	×
πολυτελής	—	—	×	×
πολύτιμος	×	—	—	×
πολυτρόπως	—	—	—	×

[πίμπλημι]

πόμα cf. πίνω

-πονέω cf. πόνος

*πονηρία...

[πόνος]

πόνος

διαπονέομαι	×	×	—	—
καταπονέω	—	×	—	×
πόνος	—	—	×	×

[*πονηρία..., πένομαι]

(πόντος)

καταποντίζομαι	×	—	—	—

———

Ποντικός	—	×	—	—
Πόντιος	×	×	×	—
Πόντος	—	×	—	×

[πατέω (?)]

πορεία, πορεύομαι cf. πόρος

-πορέω cf. πόρος

*πορθέω

[*φάραγξ (?)]

πορι- cf. πόρος

πόρνη

ἐκπορνεύω	—	—	—	×
πορνεία	×	×	×	×
πορνεύω	×	—	×	×
πόρνη	×	—	×	×
πόρνος	—	—	×	×

[*πιπράσκω]

(πόρος)

ἀπορέω	×	×	×	—
ἀπορία	×	—	—	—
διαπορεύομαι	×	×	×	—
διαπορέω	×	×	—	—
εἰσπορεύομαι	×	×	—	—
ἐκπορεύομαι	×	×	×	×
ἐμπορεύομαι	—	—	—	×
ἐμπορία	×	—	—	—
ἐμπόριον	×	—	—	—
ἔμπορος	×	—	—	×
ἐξαπορέομαι	—	—	×	—
ἐπιπορεύομαι	×	—	—	—
εὐπορέομαι	—	×	—	—
εὐπορία	—	×	—	—
ὁδοιπορέω	—	×	—	—
ὁδοιπορία	×	—	×	—
παραπορεύομαι	×	—	—	—
πορεία	×	—	—	×
πορεύομαι	×	—	—	—
πορισμός	—	—	×	—
προπορεύομαι	×	×	—	—
προσπορεύομαι	×	—	—	—
συνπορεύομαι	×	—	—	—

[πέρα, περί, πρός, *πόρρω...; *πιπράσκω, πράσσω; πεῖρα (?)]

*πόρρω...

[πρός, πέρα, πόρος]

*πορφύρα...

   [*φύραμα (?)]

ποσάκις cf. πο-

ποσι- cf. πίνω

πόσος cf. πο-

ποταμός

  ποταμός   × × × ×
  ποταμοφόρητος   — — — ×
  ―――――
  Μεσοποταμία   — × — —

   [πίπτω (?), πέτομαι (?)]

ποταπός cf. πο-

ποτε cf. πο- τε

πότερον cf. πο-

-ποτέω, ποτ(η,ι,ο)- cf. πίνω

*Ποτίολοι

   [*πύθων (!!)]

που cf. πο-

*Πούδης

   [σπεύδω (?)]

πούς

  ἀναπηδάω   × — — —
  ἀνδραποδιστής — — × —

εἰσπηδάω   — × — —
ἐκπηδάω   — × — —
κράσπεδον   × — — —
ὀρθοποδέω   — — × —
πέδη   × — — —
πεδινός   × — — —
πεζεύω   — × — —
πεζῇ   × — — —
πεζός   × — — —
πηδάλιον   — × — ×
ποδήρης   — — — ×
πούς   × × × ×
στρατοπέδαρχος — × — —
στρατόπεδον   × — — —
τετράπους   — × × —
τράπεζα   × × × ×
τραπεζείτης   × — — —
ὑποπόδιον   × × — ×

   [*Ἀγρίππας (?)]

*πραιτώριον

   [πρό (!)]

πράσσω

  διαπραγματεύομαι   × — — —
  πρᾶγμα   × × × ×
  πραγματεύομαι   × — — —
  πραγματία   — — × —
  πράκτωρ   × — — —
  πρᾶξις   × × × —
  πράσσω   × × × —

   [πέρα, πόρος; *πιπράσκω]

*πραΰ(παθία)...

πρέπω

  εὐπρέπεια   — — — ×
  ἱεροπρεπής   — — × —
  μεγαλοπρεπής   — — — ×
  πρέπω   × — × ×

   [πρίω (?)]

(πρέσβυς)

πρεσβεία	×	— — —
πρεσβεύω	— — ×	—
πρεσβυτέριον	× × ×	—
πρεσβύτερος	× × × ×
πρεσβύτης	× — ×	—
πρεσβῦτις	— — ×	—
συνπρεσβύτερος	— — — ×

[πρός (?) βαίνω (?), *Πρίσκα (?),
*Πρίσκιλλα (?)]

(ἐμ)πρήθω cf. πίμπρημι

*πρηνής

[πρό (?)]

πρίζω cf. πρίω

*πρίν

[πρό; παρά, πέρα, περί, πρός]

*Πρίσκα, *Πρίσκιλλα

[πρέσβυς (?)]

(πρίω)

διαπρίω	— × — —
πρίζω	— — — ×

[πρέπω (?)]

πρό

πρό	× × × ×
προ-	
πρότερος	× — × ×
φρουρέω	— — × ×
ψευδοπροφήτης	× × — —

[*πρίν, πρός; πρωί, *πρῷρα; παρά,
πέρα, περί; πρηνής (?), *πρύμνα (?),
πρῶτος (?); *πραιτώριον (!)]

προβατ- cf. βαίνω

πρόϊμος cf. πρωί

πρός cf. πρόσωπον

ἀπρόσιτος	— — × —
ἀπρόσκοπος	— × × —
ἔμπροσθεν	× × × ×
εὐπρόσδεκτος	— — × ×
πρός	× × × ×
προσ-	

[*πόρρω..., πρό; παρά, πέρα, περί,
*πρίν; πρέσβυς (?)]

πρόσωπον cf. πρός ὀπ-

ἀπροσωπολήμπτως	— — — ×
εὐπροσωπέω	— — × —
προσωπολημπτέω	— — — ×
προσωπολήμπτης	— × — —
προσωπολημψία	— — × ×
πρόσωπον	× × × ×

πρότερος cf. πρό

προφητ- cf. φημί

*πρύμνα

[πρό (?)]

πρωί

πρόϊμος	— — — ×
πρωί	× × — —
πρωΐα	× — — —
πρωινός	— — — ×

[πρό]

*πρῷρα

[πρό, πρῶτος (?)]

πρῶτος

δευτερόπρωτος	×	—	—	—
πρωτεύω	—	—	×	—
πρωτοκαθεδρία	×	—	—	—
πρωτοκλισία	×	—	—	—
πρῶτον	×	×	×	×
πρῶτος	×	×	×	×
πρωτοστάτης	—	×	—	—
πρωτοτόκια	—	—	—	×
πρωτότοκος	×	—	×	×
πρώτως	—	×	—	—
φιλοπρωτεύω	—	—	—	×

[πρό (?), *πρῷρα (?)]

πταίω

ἄπταιστος	—	—	—	×
πταίω	—	—	×	×

[πίπτω (?), πέτομαι (?)]

*πτερύγιον...

[πτηνός, πέτομαι]

πτηνός cf. πέτομαι

*πτοέομαι...

[πίπτω (?), πέτομαι (?), *πτύρομαι (?), *πτωχεία... (?)]

Πτολεμαΐς cf. πόλεμος

*πτύρομαι

[πίπτω(?), πέτομαι(?), *πτοέομαι...(?), *ὀδυρμός... (?)]

πτύσμα cf. πτύω

πτύσσω

ἀναπτύσσω	×	—	—	—
πτύσσω	×	—	—	—

πτύω

ἐκπτύω	—	—	×	—
ἐμπτύω	×	—	—	—
πτύσμα	×	—	—	—
πτύω	×	—	—	—

πτω(μ,σ)- cf. πίπτω

*πτωχεία...

[*πτοέομαι... (?)]

πυγμή

πυγμή	×	—	—	—
πυκτεύω	—	—	×	—

*πύθων

[*Ποτίολοι (!!)]

πυκτεύω cf. πυγμή

*πύλη...

πῦρ cf. πύρρος

ἀναζωπυρέω	—	—	×	—
πῦρ	×	×	×	×
πυρά	—	×	—	—
πυρέσσω	×	—	—	—
πυρετός	×	×	—	—
πύρινος	—	—	—	×
πυρόομαι	—	—	×	×
πύρωσις	—	—	—	×

*πύργος

[*Πέργαμος (?)]

7

πυρ(ε,ι,ο)- cf. πῦρ

πύρρος cf. πῦρ

  πυρράζω   × — — —
  πύρρος   — — — ×

  Πύρρος   — × — —

πύρωσις cf. πῦρ

πω cf. πο-

πωλέω

  πορφυρόπωλις   — × — —
  πωλέω   × × × ×

  [πάλαι (?)]

*πῶλος

  [παῖς (?)]

*πωρόω...

πως cf. πο-

Ρ

*ῥαβδίζω...

  [ῥάπτω, *ῥαπίζω..., *ῥομφαία (?),
  ῥίπτω (?)]

*ῥαδιούργημα...

(ῥαίνω)

  περιραίνω   — — — ×

ῥαντίζω   × — — ×
ῥαντισμός   — — — ×

*ῥαπίζω...

  [*ῥαβδίζω..., ῥάπτω, *ῥομφαία (?),
  ῥίπτω (?)]

(ῥάπτω)

  ἄραφος   × — — —
  ἄρραφος cf. ἄραφος
  ἐπιράπτω   × — — —
  ῥαφίς   × — — —

  [*ῥαβδίζω..., *ῥαπίζω..., *ῥομφαία (?),
  ῥίπτω (?)]

ῥέω

  αἱμορροέω   × — — —
  παραρέω   — — — ×
  ῥέω   × — — —
  ῥύσις   × — — —

  Χείμαρρος   × — — —

  [ἔρχομαι, *ἑρπετόν]

ῥήγνυμι

  διαρρήσσω, διαρήσσω × × — —
  περιρήγνυμι   — × — —
  προσρήγνυμι   × — — —
  ῥῆγμα   × — — —
  ῥήγνυμι   × — × —
  ῥήσσω cf. ῥήγνυμι

ῥη(μ,σ,τ)- cf. ἐρῶ

ῥήσσω cf. ῥήγνυμι

ῥίζα

  ἐκριζόω   × — — ×

ῥίζα   × — × ×
ῥιζόομαι   — — × —

ῥίπτω

ἀπορίπτω   — × — —
ἐπιρίπτω   × — — ×
ῥιπή   — — × —
ῥιπίζομαι   — — — ×
ῥίπτω   × × — —

[*ῥαβδίζω...(?), *ῥαπίζω...(?), ῥάπτω(?),
*ῥομφαία (?)]

(ῥόδον)

Ῥόδη   — × — —
___
Ῥόδος (?)   — × — —

-ροέω cf. ῥέω

*ῥομφαία

[*ῥαβδίζω... (?), *ῥαπίζω... (?), ῥά-
πτω (?), ῥίπτω (?)]

* Ῥοῦφος

[*ἐρυθρός]

ῥύομαι

ῥύμη   × × — —
ῥύομαι   × — × ×
ῥυτίς   — — × —

*ῥυπαίνομαι...

ῥύσις cf. ῥέω

ῥυτίς cf. ῥύομαι

ῥώννυμαι

ἄρρωστος   × — × —
ῥώννυμαι   — × — —

[ὀργή (?)]

Σ

σάββατον

προσάββατον   × — — —
σαββατισμός   — — — ×
σάββατον   × × × —

σαλεύω

ἀσάλευτος   — × — ×
σαλεύω   × × × ×
σάλος   × — — —

*σάλπιγξ...

σαπρός cf. σήπομαι

*σαρκικός...

*σαρόω

[σύρω (?)]

*(δια)σαφέω

[σῶς (?), τίς (?) φῶς (?), φαίνω (?),
σοφός (?)]

σβέννυμι

ἄσβεστος   × — — —
ζβέννυμι   — — × —
σβέννυμι   × — × ×

(ἐκεῖ)σε cf. τε

σεαυτοῦ cf. σύ

σέβομαι cf. *σεμνός...

ἀσέβεια	—	—	×	×
ἀσεβέω	—	—	—	×
ἀσεβής	—	—	×	×
εὐσέβεια	—	×	×	×
εὐσεβέω	—	×	×	—
εὐσεβής	—	×	—	×
εὐσεβῶς	—	—	×	—
θεοσέβεια	—	—	×	—
θεοσεβής	×	—	—	—
σεβάζομαι	—	—	×	—
σέβασμα	—	×	×	—
σέβομαι	×	×	—	—
Σεβαστός	—	×	—	—

σείω

ἀνασείω	×	—	—	—
διασείω	×	—	—	—
κατασείω	—	×	—	—
σεισμός	×	×	—	×
σείω	×	—	—	×

Σέκουνδος cf. ἕπομαι

*σελήνη...

*σεμνός... cf. σέβομαι

(σῆμα)

ἄσημος	—	×	—	—
ἐπίσημος	×	—	×	—
εὔσημος	—	—	×	—
παράσημος	—	×	—	—
σημαίνω	×	×	—	×
σημεῖον	×	×	×	×
σημειόομαι	—	—	×	—
σύσσημον	×	—	—	—

σήμερον cf. ἡμέρα

[ἐκεῖ]

-σημο- cf. σῆμα

σήπομαι

σαπρός	×	—	×	—
σήπομαι	—	—	—	×

*σής...

(σθένος)

ἀσθένεια	×	×	×	×
ἀσθενέω	×	×	×	×
ἀσθένημα	—	—	×	—
ἀσθενής	×	×	×	×
σθενόω	—	—	—	×
Σωσθένης	—	×	×	—

*σιγάω... cf. *σιωπάω

σιμικίνθιον cf. ἡμι-

σῖτος

ἀσιτία	—	×	—	—
ἄσιτος	—	×	—	—
ἐπισιτισμός	×	—	—	—
σιτευτός	×	—	—	—
σιτίον	—	×	—	—
σιτιστός	×	—	—	—
σιτομέτριον	×	—	—	—
σῖτος	×	×	×	×

*σιωπάω... cf. *σιγάω...

*σκανδαλίζω...

σκάπτω

κατασκάπτω	—	—	×	—
σκάπτω	×	—	—	—
σκάφη	—	×	—	—

[κόπτω (?)]

σκέλος

σκέλος	×	—	—	—

σκολιός	×	×	×	×

[*σκωληκόβρωτος..., κυλίω (?),
κυλλός (?), *κῶλον (?)]

(σκέπτομαι)

ἀλλοτριεπίσκοπος	—	—	—	×
ἐπισκέπτομαι	×	×	—	×
ἐπισκοπέω	—	—	—	×
ἐπισκοπή	×	×	×	×
ἐπίσκοπος	—	×	×	×
κατασκοπέω	—	—	×	—
κατάσκοπος	—	—	—	×
σκοπέω	×	—	×	—
σκοπός	—	—	×	—

σπεκουλάτωρ	×	—	—	—

σκεῦος

ἀνασκευάζω	—	×	—	—
ἀπαρασκεύαστος	—	—	×	—
ἐπισκευάζομαι	—	×	—	—
κατασκευάζω	×	—	—	×
παρασκευάζω	—	×	×	—
παρασκευή	×	—	—	—
σκευή	—	×	—	—
σκεῦος	×	×	×	×

σκηνή

ἐπισκηνόω	—	—	×	—
κατασκηνόω	×	×	—	—
κατασκήνωσις	×	—	—	—

σκηνή

σκηνή	×	×	—	×
σκηνοπηγία	×	—	—	—
σκηνοποιός	—	×	—	—
σκῆνος	—	—	×	—
σκηνόω	×	—	—	×
σκήνωμα	—	×	—	×

[σκιά]

σκιά

ἀποσκίασμα	—	—	—	×
ἐπισκιάζω	×	×	—	—
κατασκιάζω	—	—	—	×
σκιά	×	×	×	×

[σκηνή]

*σκληρο(καρδία)...

σκολιός cf. σκέλος

*σκόλοψ

[*σκύλλω (?)]

σκοπ- cf. σκέπτομαι

σκορπίος

διασκορπίζω	×	×	—	—
σκορπίζω	×	—	×	—
σκορπίος	×	—	—	×

*σκοτεινός...

*σκύβαλον

[εἰς (?) κύων (?) βάλλω (?)]

*σκύλλω

[*σκόλοψ (?)]

*σκωληκόβρωτος...

[σκέλος]

*σμαράγδινος...

*σμύρνα...

[μύρον (?)]

σός cf. σύ

σουδάριον cf. ἱδρώς

σοφός

ἄσοφος	—	—	×	—
κατασοφίζομαι	—	×	—	—
σοφία	×	×	×	×
σοφίζω	—	—	×	—
σοφός	×	—	×	×
φιλοσοφία	—	—	×	—
φιλόσοφος	—	×	—	—

[*(δια)σαφέω (?)]

σπαράσσω

σπαράσσω	×	—	—	—
συσπαράσσω	×	—	—	—

[σπείρω (?), σφραγίς (?)]

*σπαργανόω

[*σπεῖρα, *σφυρίς]

*σπαταλάω

[σπάω (?)]

(σπάω)

ἀνασπάω	×	×	—	—
ἀπερισπάστως	—	—	×	—

ἀποσπάω   × × — —
διασπάω   × × — —
ἐπισπάομαι   — — × —
περισπάομαι × — — —
σπάομαι   × × — —

ἀποσπάω	×	×	—	—
διασπάω	×	×	—	—
ἐπισπάομαι	—	—	×	—
περισπάομαι	×	—	—	—
σπάομαι	×	×	—	—

[*σπαταλάω (?), *στάδιον (?)]

*σπεῖρα

[*σπαργανόω, *σφυρίς]

σπείρω

διασπείρω	—	×	—	—
διασπορά	×	—	—	×
ἐπισπείρω	×	—	—	—
σπείρω	×	—	×	—
σπέρμα	×	×	×	×
σπερμολόγος	—	×	—	—
σπορά	—	—	—	—
σπόριμος	×	—	—	—
σπόρος	×	—	×	—

[σπαράσσω (?), *σφυδρόν (?)]

σπεκουλάτωρ cf. σκέπτομαι

σπένδομαι

ἄσπονδος	—	—	×	—
σπένδομαι	—	—	×	—

σπερμ- cf. σπείρω

σπεύδω

σπεύδω	×	×	—	×
σπουδάζω	—	—	×	×
σπουδαῖος	—	—	×	—
σπουδαίως	×	—	×	×
σπουδή	×	—	×	×

[*Πούδης (?)]

σπίλος

ἄσπιλος	—	—	×	×
σπιλάς	—	—	—	×
σπίλος	—	—	×	×
σπιλόω	—	—	—	×

σπλάγχνα

εὔσπλαγχνος	—	—	×	—
πολύσπλαγχνος	—	—	—	×
σπλαγχνίζομαι	×	—	—	—
σπλάγχνα	×	×	×	×

(ἄ)σπονδος cf. σπένδομαι

σπορ- cf. σπείρω

σπουδ- cf. σπεύδω

*σπυρίς cf. *σφυρίς

*στάδιον

[σπάω (?)]

*(δι)στάζω

[ἵστημι (?)]

*στάμνος

[ἵστημι (?)]

στα(σ,τ)- cf. ἵστημι

σταυρός

ἀνασταυρόω	—	—	—	×
σταυρός	×	—	×	×

σταυρόω · × × × ×
συνσταυρόω · × — × —

[στοά, *στῦλος, ἵστημι]

στάχυς

στάχυς	×	—	—	—

Στάχυς · — — × —

[*(ἀ)στοχέω (?)]

στέγω

ἀποστεγάζω	×	—	—	—
στέγη	×	—	—	—
στέγω	—	—	×	—
τρίστεγος	—	×	—	—

*στεῖρα

[στερεός]

(στέλλω)

ἀποστέλλω	×	×	×	×
ἀποστολή	—	×	×	—
ἀπόστολος	×	×	×	×
διαστέλλομαι	×	×	—	×
διαστολή	—	—	×	—
ἐξαποστέλλω	×	×	×	—
ἐπιστέλλω	—	×	—	×
ἐπιστολή	—	×	×	×
καταστέλλω	—	×	—	—
καταστολή	—	—	×	—
στέλλομαι	—	—	×	—
στολή	×	—	—	×
συναποστέλλω	—	—	×	—
συνστέλλω	—	×	×	—
ὑποστέλλω	—	×	×	×
ὑποστολή	—	—	—	×
ψευδαπόστολος	—	—	×	—

στέμμα cf. στέφω

στενάζω

ἀναστενάζω	×	—	—	—
στεναγμός	—	×	×	—
στενάζω	×	—	×	×
συνστενάζω	—	—	×	—

*στενός...

(στέργω)

ἄστοργος	—	—	×	—
φιλόστοργος	—	—	×	·

στερεός

ἀποστερέω	×	—	×	—
στερεός	—	—	×	×
στερεόω	—	×	—	—
στερέωμα	—	—	×	—

[στηρίζω, *στεῖρα, στρῆνος (?)]

(στέφω)

στέμμα	—	×	—	—
στέφανος	×	—	×	×
στεφανόω	—	—	×	×

Στεφανᾶς	—	—	×	—
Στέφανος	—	×	—	—

στήκω cf. ἵστημι

στηρίζω

ἀστήρικτος	—	—	—	×
ἐπιστηρίζω	—	×	—	—
στηριγμός	—	—	—	×
στηρίζω	×	×	×	×

[στερεός, στρῆνος (?)]

*στίγμα...

στοά

στοά	×	×	—	—

Στοϊκός cf. Στωϊκός

Στωϊκός	—	×	—	—

[σταυρός, *στῦλος, ἵστημι]

στοιχέω

στοιχεῖον	—	—	×	×
στοιχέω	—	×	×	—
συνστοιχέω	—	—	×	—

στολ- cf. στέλλω

στόμα

ἀποστοματίζω	×	—	—	—
ἐπιστομίζω	—	—	×	—
στόμα	×	×	×	×

στόμαχος	—	—	×	—

-στοργος cf. στέργω

*(ἀ)στοχέω

[στάχυς (?)]

(στρατός)

ἀντιστρατεύομαι	—	—	×	—
στρατεία	—	—	×	—
στράτευμα	×	×	—	×
στρατεύομαι	×	—	×	×
στρατηγός	×	×	—	—
στρατία	×	×	×	—
στρατιώτης	×	×	×	—
στρατολογέω	—	—	×	—
στρατοπέδαρχος	—	×	—	—
στρατόπεδον	×	—	—	—
συνστρατιώτης	—	—	×	—

[στρώννυμι]

*στρεβλόω cf. στρέφω

στρέφω cf. *στρεβλόω

ἀναστρέφω	×	×	×	×
ἀναστροφή	—	—	×	—
ἀποστρέφω	×	×	×	×
διαστρέφω	×	×	×	×
ἐκστρέφομαι	—	—	×	—
ἐπιστρέφω	×	×	×	×
ἐπιστροφή	—	×	—	—
καταστρέφω	×	×	—	—
καταστροφή	—	—	×	×
μεταστρέφω	—	×	×	×
στρέφω	×	×	—	×
συστρέφω	×	×	—	—
συστροφή	—	×	—	—
ὑποστρέφω	×	×	×	×

στρῆνος

καταστρηνιάω	—	—	×	—
στρηνιάω	—	—	—	×
στρῆνος	—	—	—	×

[στερεός (?)]

-στροφή cf. στρέφω

στρώννυμι

καταστρώννυμαι	—	—	×	—
λιθόστρωτος	×	—	—	—
στρώννυμι, στρωννύω	×	×	—	—
ὑποστρωννύω	×	—	—	—

[στρατός]

(στυγέω)

ἀποστυγέω	—	—	×	—
θεοστυγής	—	—	×	—
στυγητός	—	—	×	—
στυγνάζω	×	—	—	—

*στῦλος

[σταυρός, στοά, ἵστημι]

σύ

σεαυτοῦ	×	×	×	×
σός	×	×	×	—
σύ	×	×	×	×

ὑμέτερος	×	×	×	—

[τοι]

σῦκον

συκάμινος	×	—	—	—
συκῆ	×	—	—	×
συκομορέα	×	—	—	—
σῦκον	×	—	—	×

συκοφαντέω	×	—	—	—

συλάω

ἱεροσυλέω	—	—	×	—
ἱερόσυλος	—	×	—	—
συλαγωγέω	—	—	×	—
συλάω	—	—	×	—

σύν

ἀποσυνάγωγος	×	—	—	—
ἀρχισυνάγωγος	×	×	—	—
ἀσύμφωνος	—	×	—	—
ἀσύνετος	×	—	×	—
ἀσύνθετος	—	—	×	—
ἐπισυνάγω	×	—	—	—
ἐπισυναγωγή	—	—	×	×
ἐπισυντρέχω	×	—	—	—
συ-				
συγ-				
συλ-				
συμ-				

σύν   × × × ×
συν-
συσ-

'Ασύνκριτος   — — × —

    [*(μετα) ξύ (?)]

συνε(σ,τ)-   cf. ἵημι

σύρω

κατασύρω   × — — —
σύρω   × × — ×

Σύρτις   — × — —

    [*σαρόω (?)]

σφάζω

κατασφάζω   × — — —
σφαγή   — × × ×
σφάγιον   — × — —
σφάζω   — — — ×

(σφάλλω)

ἀσφάλεια   × × × —
ἀσφαλής   — × × ×
ἀσφαλίζω   × × — —
ἀσφαλῶς   × × — —
ἐπισφαλής   — × — —

*σφόδρα...

σφραγίς

κατασφραγίζω   — — — ×
σφραγίζω   × — × ×
σφραγίς   — — × ×

    [σπαράσσω (?)]

*σφυδρόν

    [σπείρω (?)]

*σφυρίς

    [*σπαργανόω, *σπεῖρα]

σχε-   cf. ἔχω

σχῆμα

ἀσχημονέω   — — × —
ἀσχημοσύνη   — — × ×
ἀσχήμων   — — × —
εὐσχημόνως   — — × —
εὐσχημοσύνη   — — × —
εὐσχήμων   × × × —
μετασχηματίζω   — — × —
συνσχηματίζομαι   — — × ×
σχῆμα   — — × —

    [ἔχω]

*σχίζω...

*σχολάζω...

    [ἔχω]

σώζω

διασώζω   × × — ×
ἐκσώζω   — × — —
σώζω   × × × ×
σωτήρ   × × × ×
σωτηρία   × × × ×
σωτήριον   × × × —
σωτήριος   — — × —

ἀσωτία   — — × ×
ἀσώτως   × — — —

Σωσίπατρος   — — × —

    [σῶς]

σῶμα

σύνσωμος	—	—	×	—
σῶμα	×	×	×	×
σωματικός	×	—	×	—
σωματικῶς	—	—	×	—

[σωρεύω (?), σῶς (?)]

Σώπατρος cf. σῶς πατήρ

σωρεύω

ἐπισωρεύω	—	—	×	—
σωρεύω	—	—	×	—

[σῶμα (?), σῶς (?)]

(σῶς)

Σώπατρος	—	×	—	—
Σωσθένης	—	×	×	—

[σώζω, σωφρ-, *(δια)σαφέω (?), σῶμα (?), σωρεύω (?)]

Σωσίπατρος cf. σώζω πατήρ

σωτ- cf. σώζω

σωφρ- cf. φρήν

[σῶς]

T

τα(γ,κ)- cf. τάσσω

*ταλαιπωρέω...

[τόλμη, *ταλαντιαῖος... (?) *(ἀνά)πηρος]

*ταλαντιαῖος...

[τόλμη, *ταλαιπωρέω... (?)]

(ἔν)ταλμα cf. τέλλω

*ταμεῖον

[τέμνω (?)]

τάξις cf. τάσσω

*ταπεινός...

ταράσσω

διαταράσσομαι	×	—	—	—
ἐκταράσσω	—	×	—	—
ταράσσω	×	×	×	×
ταραχή	×	—	—	—
τάραχος	—	×	—	—

[τραχύς]

τάσσω

ἀνατάσσομαι	×	—	—	—
ἀντιτάσσομαι	—	×	×	—
ἀνυπότακτος	—	—	×	×
ἀποτάσσομαι	×	×	×	—
ἀτακτέω	—	—	—	—
ἄτακτος	—	—	—	×
ἀτάκτως	—	—	×	—
διαταγή	—	×	×	—
διάταγμα	—	—	—	×
διατάσσω	×	×	×	—
ἐπιδιατάσσομαι	—	—	×	—
ἐπιταγή	—	×	—	—
ἐπιτάσσω	×	×	×	—
προστάσσω	×	×	—	—
συντάσσω	×	—	—	—
τάγμα	—	—	×	—
τακτός	—	×	—	—
τάξις	×	—	×	×
τάσσω	×	×	×	—

ὑποταγή	—	—	×	—
ὑποτάσσω	×	—	×	×

ταφ- cf. θάπτω

*τάχα...

τε

δήποτε	×	—	—	—
εἴτε	—	—	×	×
ἑκάστοτε	—	—	—	×
μηδέποτε	—	—	×	—
μηθείς	—	×	—	—
μήποτε	×	×	×	×
μήτε	×	×	×	×
ὅταν	×	×	×	×
ὁπότε	×	—	—	—
ὅτε	×	×	×	×
οὐδέποτε	×	×	×	×
οὐθείς	×	×	×	—
οὔτε	×	×	×	×
πάντοτε	×	—	×	×
ποτέ	×	—	×	×
πότε	×	—	—	×
πώποτε	×	—	—	×
τε	×	×	×	×
τότε	×	×	×	×
ὥστε	×	×	×	×

ἐκεῖσε	—	×	—	—

(τείνω)

ἐκτείνω	×	×	—	—
ἐκτένεια	—	×	—	—
ἐκτενής	—	—	—	×
ἐκτενῶς	×	×	—	×
ἐπεκτείνομαι	—	—	×	—
εὐτόνως	×	×	—	—
παρατείνω	—	×	—	—
προτείνω	—	×	—	—
προχειροτονέω	—	×	—	—
ὑπερεκτείνω	—	—	×	—
χειροτονέω	—	×	×	—

[*ἀτενίζω]

τεῖχος

μεσότοιχον	—	—	×	—
τεῖχος	—	×	×	×
τοῖχος	—	×	—	—

[*θιγγάνω, *(παρά)δεισος]

τεκν- cf. τίκτω

τέκτων cf. τέχνη

ἀρχιτέκτων	—	—	×	—
τέκτων	×	—	—	—

τελε(ι,σ)- cf. τέλος

*τελευτάω... cf. τέλος

τελέω, -τελής cf. τέλος

(τέλλω)

ἀνατέλλω	×	—	—	×
ἀνατολή	×	—	—	×
ἔνταλμα	×	—	×	—
ἐντέλλομαι	×	×	—	×
ἐντολή	×	×	×	×
ἐξανατέλλω	×	—	—	—

[*ταλαιπωρέω... (?), *ταλαντιαῖος... (?), τέλος (?)]

τέλος cf. *τελευτάω..., τελώνης

ἀλυσιτελής	—	—	—	×
ἀποτελέω	×	—	—	—
διατελέω	—	×	—	—
ἐκτελέω	×	—	—	—
ἐπιτελέω	—	—	×	×
λυσιτελέω	×	—	—	—
ὁλοτελής	—	—	×	—
παντελής	×	—	—	×
πολυτελής	—	—	×	×
συντέλεια	×	—	—	×

συντελέω	×	×	×	×
τέλειος	×	—	×	×
τελειότης	—	—	×	×
τελειόω	×	×	×	×
τελείως	—	—	—	×
τελείωσις	×	—	—	×
τελειωτής	—	—	—	×
τελεσφορέω	×	—	—	—
τελέω	×	×	×	×
τέλος	×	—	×	×

[*τηλαυγῶς, κύκλος, πάλαι, *πάλιν...,
*κολωνία; τέλλω (?)]

τελώνης cf. τέλος *ὠνέομαι

ἀρχιτελώνης	×	—	—	—
τελώνης	×	—	—	—
τελώνιον	×	—	—	—

(τέμνω)

ἀπερίτμητος	—	×	—	—
ἀποτομία	—	—	×	—
ἀποτόμως	—	—	×	—
ἄτομος	—	—	×	—
δίστομος	—	—	—	×
διχοτομέω	×	—	—	—
κατατομή	—	—	×	—
λατομέω	×	—	—	—
ὀρθοτομέω	—	—	×	—
περιτέμνω	×	×	×	—
περιτομή	×	×	×	—
συντέμνω	—	—	×	—
συντόμως	—	×	—	—
τομός	—	—	—	×

[*ταμεῖον (?)]

-τεν- cf. τείνω

Τέρτ- cf. τρεῖς

τέσσαρες

δεκατέσσαρες	×	—	×	—

τέσσαρες	×	×	—	×
τεσσαρεσκαιδέκατος	—	×	—	—
τεσσαράκοντα	×	×	×	×
τεσσαρακονταετής	—	×	—	—
τεταρταῖος	×	—	—	—
τέταρτος	×	×	—	×
τετρααρχέω	×	—	—	—
τετραάρχης	×	×	—	×
τετράγωνος	—	—	—	×
τετράδιον	—	×	—	—
τετρακισχίλιοι	×	×	—	—
τετρακόσιοι	—	×	×	—
τετράμηνος	×	—	—	—
τετραπλόος	×	—	—	—
τετράπους	—	×	×	—

τράπεζα	×	×	×	×
τραπεζείτης	×	—	—	—

κοδράντης	×	—	—	—

Κούαρτος	—	—	×	—

(ἔν)τευξις cf. τυγχάνω

τέχνη cf. τέκτων

ὁμότεχνος	—	×	—	—
τέχνη	—	×	—	×
τεχνίτης	—	×	—	×

*τηλαυγῶς cf. αὐγή, (*δηλαυγῶς)

[τέλος, κύκλος, πάλαι, *πάλιν..., *κο-
λωνία]

*τηλικοῦτος

[το- *ἡλίκος]

τηρέω

παρατηρέω	×	×	×	—
παρατήρησις	×	—	—	—
συντηρέω	×	—	—	—

τηρέω	×	×	×	×
τήρησις	—	×	—	—

τι cf. τίς

τίθημι

ἀθετέω	×	—	×	×
ἀθέτησις	—	—	—	×
ἀμετάθετος	—	—	—	×
ἀνάθεμα	×	×	×	—
ἀναθεματίζω	×	×	—	—
ἀνάθημα	×	—	—	—
ἀνατίθεμαι	—	×	×	—
ἀνεύθετος	—	×	—	—
ἀντιδιατίθεμαι	—	—	×	—
ἀντίθεσις	—	—	×	—
ἀπόθεσις	—	—	—	×
ἀποθήκη	×	—	—	—
ἀποτίθεμαι	×	×	×	×
ἀσύνθετος	—	—	×	—
διαθήκη	×	×	×	×
διατίθεμαι	×	×	—	×
ἔκθετος	—	×	—	—
ἐκτίθεμαι	—	×	—	—
ἐνκάθετος	×	—	—	—
ἐπίθεσις	—	×	×	×
ἐπιτίθημι	×	×	×	×
εὔθετος	×	—	—	×
θήκη	×	—	—	—
κατάθεμα	—	—	—	×
καταθεματίζω	×	—	—	—
κατατίθημι	×	×	—	—
μετάθεσις	—	—	—	×
μετατίθημι	—	×	×	×
νομοθεσία	—	—	—	×
νομοθετέω	—	—	—	×
νομοθέτης	—	—	—	×
νουθεσία	—	—	×	—
νουθετέω	—	×	×	—
ὁροθεσία	—	×	—	—
παραθήκη	—	—	—	×
παρατίθημι	×	×	×	×
περίθεσις	—	—	—	×
περιτίθημι	×	—	×	—
πρόθεσις	×	×	×	×
προσανατίθεμαι	—	—	×	—

προστίθημι	×	×	×	×
προτίθεμαι	—	—	×	—
συνεπιτίθεμαι	—	×	—	—
συνκατάθεσις	—	—	×	—
συνκατατίθεμαι	×	—	—	—
συντίθεμαι	×	×	—	—
τίθημι	×	×	×	×
υἱοθεσία	—	—	×	—
ὑποτίθημι	—	—	×	—

[*(ἀ)θέμιτος, *θεμέλιος... (?),
θεσμός (?), *(ἀ)θῶος (?)]

τίκτω

ἄτεκνος	×	—	—	—
πρωτοτόκια	—	—	—	×
πρωτότοκος	×	—	×	×
τεκνίον	×	—	×	×
τεκνογονέω	—	—	—	×
τεκνογονία	—	—	—	×
τέκνον	×	×	×	×
τεκνοτροφέω	—	—	—	×
τίκτω	×	—	×	×
τόκος	×	—	—	—
φιλότεκνος	—	—	×	—

τιμή

ἀτιμάζω	×	×	×	×
ἀτιμία	—	—	×	—
ἄτιμος	×	—	—	×
βαρύτιμος	×	—	—	—
ἔντιμος	×	—	×	×
ἐπιτιμάω	×	—	×	×
ἐπιτιμία	—	—	—	×
ἰσότιμος	—	—	—	×
πολύτιμος	×	—	—	×
τιμάω	×	×	×	×
τιμή	×	×	×	×
τίμιος	—	×	×	×
τιμιότης	—	—	—	×
φιλοτιμέομαι	—	—	×	—

τιμωρέω	—	×	—	—
τιμωρία	—	—	—	×

Βαρτίμαιος	×	—	—	—
Τιμαῖος	×	—	—	—
Τιμόθεος	—	×	×	×
Τίμων	—	×	—	—

[τίνω (?)]

τιμωρέω cf. τιμή ὁράω

(τινάσσω)

ἀποτινάσσω	×	×	—	—
ἐκτινάσσω	×	×	—	—

τίνω

ἀποτίνω	—	—	×	—
τίνω	—	—	×	—

[τιμή (?)]

τίς

διατί cf. διά

διότι	×	×	×	×
εἴ τις	×	×	×	×
ἵνα τί	×	×	×	—
καθότι	×	×	—	—
μήτιγε	—	—	×	—
ὅστις	×	×	×	×
ὅτι	×	×	×	×
τίς	×	×	×	×
τις	×	×	×	×

[-κις, πο-, *ἕκαστος... (?), *(δια)σα-
φέω (?)]

(ἀπερί)τμητος cf. τέμνω

το- cf. πο-

τοιόσδε	—	—	—	×
τοιοῦτος	×	×	×	×
τοσοῦτος	×	×	×	×
τότε	×	×	×	×

[τοῦ, τῷ... (cf. ὁ), *τηλικοῦτος]

τό cf. ὁ

(τοι)

ἤτοι	—	—	×	—
καίτοι	—	×	—	×
καίτοιγε	×	—	—	—
μέντοι	×	—	×	×
τοιγαροῦν	—	—	×	×
τοίνυν	×	—	×	×

[σύ]

τοιο- cf. το-

τοιχ- cf. τεῖχος

τοκ- cf. τίκτω

-τολή cf. τέλλω

(τόλμη)

ἀποτολμάω	—	—	×	—
τολμάω	×	×	×	×
τολμηρότερος	—	—	×	—
τολμητής	—	—	—	×

[*ταλαντιαῖος..., *ταλαιπωρέω...]

τομ- cf. τέμνω

-τον- cf. τείνω

τόπος

ἄτοπος	×	×	×	—
ἐντόπιος	—	×	—	—
τόπος	×	×	×	×

το(σ,τ)- cf. το-

*τράγος

   [*τρώγω (?)]

τραπεζ- cf. τέσσαρες πούς

(εὐ)τραπελία cf. τρέπω

*τραῦμα...

   [τρίβω, *τρῆμα, *τρυ-, *τρώγω]

τράχηλος

σκληροτράχηλος	—	×	—	—
τραχηλίζομαι	—	—	—	×
τράχηλος	×	×	×	—

   [τρέχω (?)]

τραχύς

τραχύς	×	×	—	—

———

Τραχωνῖτις	×	—	—	—

   [ταράσσω]

τρεῖς

ἀρχιτρίκλινος	×	—	—	—
τρεῖς	×	×	×	×
τριάκοντα	×	—	×	—
τριακόσιοι	×	—	—	—
τρίβολος	×	—	—	×
τριετία	—	×	—	—
τρίμηνος	—	—	—	×
τρίς	×	×	×	—
τρίστεγος	—	×	—	—
τρισχίλιοι	—	×	—	—
τρίτον	×	—	×	—
τρίτος	×	×	×	×

———

Τέρτιος	—	—	×	—
Τέρτυλλος	—	×	—	—
Τρεῖς Ταβέρναι	—	×	—	—

τρέμω

ἔκτρομος	—	—	—	×
ἔντρομος	—	×	—	×
τρέμω	×	—	—	×
τρόμος	×	—	×	—

(τρέπω)

ἀνατρέπω	×	—	×	—
ἀποτρέπομαι	—	—	×	—
ἐκτρέπομαι	—	—	×	×
ἐντρέπω	×	×	—	×
ἐντροπή	—	—	×	—
ἐπιτρέπω	×	×	×	×
ἐπιτροπεύω	×	—	—	—
ἐπιτροπή	—	×	—	—
ἐπίτροπος	×	—	×	—
εὐτραπελία	—	—	×	—
μετατρέπω	—	—	—	×
περιτρέπω	—	×	—	—
πολυτρόπως	—	—	—	×
προτρέπομαι	—	×	—	—
τροπή	—	—	—	×
τρόπος	×	×	×	×
τροποφορέω	—	×	—	—

τρέφω cf. *θρόμβος

ἀνατρέφω	×	×	—	—
διατροφή	—	—	×	—
ἐκτρέφω	—	—	×	—
ἐντρέφομαι	—	—	×	—
θρέμμα	×	—	—	—
σύντροφος	—	×	—	—
τεκνοτροφέω	—	—	×	—
τρέφω	×	×	—	×
τροφή	×	×	—	×
τροφός	—	—	×	—
τροφοφορέω	—	×	—	—

———

Διοτρέφης	—	—	—	×
Τρόφιμος	—	×	×	—

τρέχω cf. δρόμος

εἰστρέχω	—	×	—	—

ἐπισυντρέχω   × — — —
κατατρέχω   — × — —
περιτρέχω   × — — —
προστρέχω   × × — —
προτρέχω   × — — —
συντρέχω   × × — ×
τρέχω   × × × ×
τροχία   — — — ×
τροχός   — — — ×
ὑποτρέχω   — × — —

[τράχηλος (?)]

*τρῆμα

[τρίβω, *τραῦμα…, *τρυ-, *τρώγω]

τρι- cf. τρεῖς

(τρίβω)

διαπαρατριβή   — — × —
διατρίβω   × × — —
συντρίβω   × — × ×
σύντριμμα   — — × —
τρίβος   × — — —
χρονοτριβέω   — × — —

[*τραῦμα…, *τρῆμα, *τρυ-, *τρώγω]

*τρίζω

[*τρυγών]

(σύν)τριμμα cf. τρίβω

τρίχινος cf. θρίξ

τρόμος cf. τρέμω

τροπ- cf. τρέπω

τροφ- cf. τρέφω

8

*τρυγών

[*τρίζω]

*τρυ-μαλιά, -πημα

[*τραῦμα…, *τρῆμα, τρίβω, *τρώγω]

τρυφ- cf. θρύπτω

*τρώγω

[τρίβω, *τραῦμα…, *τρῆμα, *τρυ-, *τρά-
γος (?)]

*(ἔκ)τρωμα

[*τραῦμα…, τρίβω, *τρῆμα, *τρυ-,
*τρώγω]

(τυγχάνω)

ἔντευξις   — — × —
ἐντυγχάνω   — × × ×
ἐπιτυγχάνω   — — × ×
παρατυγχάνω   — × — —
συντυγχάνω   × — — —
τυγχάνω   × × × ×
ὑπερεντυγχάνω   — — × —

Εὔτυχος   — × — —
Συντύχη   — — × —
Τύχικος   — × × —

*τυμπανίζω

[τύπτω (?)]

τύπτω

ἀντίτυπος   — — — ×
ἐντυπόω   — — × —
τυπικῶς   — — × —
τύπος   × × × ×

τύπτω	×	×	×	—
ὑποτύπωσις	—	—	×	—

[*τυμπανίζω (?)]

*τυφλός... cf. *τύφομαι...

*τύφομαι... cf. *τυφλός...

τυχ- cf. τυγχάνω

Υ

*ὑακίνθινος...

*ὑάλινος...

ὕβρις

ἐνυβρίζω	—	—	—	×
ὑβρίζω	×	×	×	—
ὕβρις	—	×	×	—
ὑβριστής	—	—	×	—

[ὕστερος, *(ἐμ)βριμάομαι (?)]

*ὑγιαίνω...

[εὖ βίος, ζάω]

ὕδωρ

ἄνυδρος	×	—	—	×
ὑδρία	×	—	—	—
ὑδροποτέω	—	—	×	—
ὑδρωπικός	×	—	—	—
ὕδωρ	×	×	×	×

*ὑετός

[*(δι)υλίζω]

*υἱο(θεσία)...

[*ὅς (?)]

*ὕλη

[*ξύλινος... (?)]

*(δι)υλίζω

[*ὑετός]

*Ὑμέναιος

[*ὑμνέω...]

ὑμέτερος cf. σύ

*ὑμνέω...

[*Ὑμέναιος]

*(ἀνθ)ύπατος

[ὑπό, ὑπέρ, ὕψος]

ὑπέρ

ὑπέρ	×	×	×	×
ὕπερ	—	—	×	—
ὑπερ-				

[ὑπό, ὕψος, *(ἀνθ)ύπατος]

ὑπήκοος cf. ἀκούω

*ὑπηρετέω...

ὕπνος

ἀγρυπνέω	×	—	×	×
ἀγρυπνία	—	—	×	—
ἀφυπνόω	×	—	—	—

ἐνυπνιάζομαι	—	×	—	×
ἐνύπνιον	—	×	—	×
ἐξυπνίζω	×	—	—	—
ἔξυπνος	—	×	—	—
ὕπνος	×	×	×	—

ὑπό

ἀνυπόκριτος	—	—	×	×
ἀνυπότακτος	—	—	×	×
προϋπάρχω	×	×	—	—
συνυποκρίνομαι	—	—	×	—
συνυπουργέω	—	—	×	—
ὑπ-				
ὑπό	×	×	×	×
ὑπο-				

[ὑπέρ, ὕψος, *(ἀνθ)ύπατος]

*ὗς

[*υἱο(θεσία)... (?)]

ὕστερος

ἀφυστερέω	—	—	—	×
ὑστερέω	×	—	×	×
ὑστέρημα	×	—	×	—
ὑστέρησις	×	—	×	—
ὕστερον	×	—	—	×
ὕστερος	×	—	×	—

[ὕβρις (?)]

*ὑφαίνω...

ὕψος

ὑπερυψόω	—	—	×	—
ὑψηλός	×	×	×	×
ὑψηλοφρονέω	—	—	×	—
ὕψιστος	×	×	—	×
ὕψος	×	—	×	×
ὑψόω	×	×	×	×
ὕψωμα	—	—	×	—

[ὑπέρ, ὑπό, *(ἀνθ)ύπατος]

Φ

(φαγεῖν) cf. ἐσθίω

προσφάγιον	×	—	—	—
φάγος	×	—	—	—

φαίνω

ἀναφαίνω	×	×	—	—
ἀφανής	—	—	—	×
ἀφανίζω	×	×	—	×
ἀφανισμός	—	—	—	×
ἄφαντος	—	—	—	×
ἐμφανής	—	×	×	—
ἐμφανίζω	×	×	—	×
ἐπιφαίνω	×	×	×	—
ἐπιφάνεια	—	—	×	—
ἐπιφανής	—	×	—	—
πρόφασις	×	×	×	—
φαίνω	—	×	×	×
φανερός	×	×	×	×
φανερόω	×	×	×	×
φανερῶς	×	×	—	×
φανέρωσις	—	—	×	—
φαντάζομαι	—	—	—	×
φαντασία	—	×	—	—
φάντασμα	×	—	—	—

[φῶς, *διασαφέω (?), *(συκο)φαν-
τέω (?), *(ὑπερ)ηφανία... (?)]

φανός cf. φῶς

φαντα- cf. φαίνω

*(συκο)φαντέω

[φαίνω (?)]

(ἄ)φαντος cf. φαίνω

*φάραγξ

[*πορθέω (?)]

*φαρμακία...

(πρό)φασις cf. φαίνω

φάσις, φάσκω cf. φημί

*φάτνη

  [*πενθερά...]

*(πρός)φατος...

  [φόνος (?)]

*φαῦλος

  [φλύω, *Παῦλος (?)]

(ἐπι)φαύσκω cf. φῶς

φείδομαι

ἀφειδία	—	—	×	—
φείδομαι	—	×	×	×
φειδομένως	—	—	×	—

φέρω cf. ἐνεγκεῖν

ἀναφέρω	×	—	—	×
ἀποφέρω	×	×	×	×
ἀποφορτίζομαι	—	×	—	—
διαφέρω	×	×	×	—
διάφορος	—	×	×	×
εἰσφέρω	×	×	×	—
ἐκφέρω	×	×	×	×
ἐπιφέρω	—	—	×	×
εὐφορέω	×	—	—	—
θανατηφόρος	—	—	—	×
καρποφορέω	×	—	×	—
καρποφόρος	—	×	—	—
καταφέρω	—	×	—	—
παραφέρω	×	—	—	×
παρεισφέρω	—	—	—	×

περιφέρω	×	—	×	—
πληροφορέω	×	—	×	—
πληροφορία	—	—	×	×
ποταμοφόρητος	—	—	—	×
προσφέρω	×	×	—	×
προσφορά	—	×	×	×
προφέρω	×	—	—	—
συμφέρω	×	×	×	×
σύμφορος	—	—	×	—
τελεσφορέω	×	—	—	—
τροποφορέω	—	×	—	—
τροφοφορέω	—	×	—	—
ὑποφέρω	—	—	×	×
φέρω	×	×	×	×
φορέω	×	—	×	×
φόρος	×	—	×	—
φορτίζω	×	—	—	—
φορτίον	×	×	×	—
φωσφόρος	—	—	—	×
Βερνίκη	—	×	—	—
'Ονησίφορος	—	—	×	—

  [*αὐτόφωρος (?), *Φορτούνατος (?)]

φεύγω

ἀποφεύγω	—	—	—	×
διαφεύγω	—	×	—	—
ἐκφεύγω	×	×	×	×
καταφεύγω	—	×	—	×
φεύγω	×	×	×	×
φυγή	×	—	—	—

*Φῆλιξ

  [*θηλάζω (?), *θῆλυς (?)]

φημί cf. φωνή

βλασφημέω	×	×	×	×
βλασφημία	×	—	×	×
βλάσφημος	—	×	×	×
διαφημίζω	×	—	—	—
δυσφημέω	—	—	×	—
δυσφημία	—	—	×	—

εὐφημία	—	—	×	—	φθείρω	—	—	×	×
εὔφημος	—	—	×	—	φθορά	—	—	×	×
προφητεία	×	—	×	×					
προφητεύω	×	×	×	×					
προφήτης	×	×	×	×	(φθιν)οπωρινός cf. ὀπ(ι)-				
προφητικός	—	—	×	×					
προφῆτις	×	—	—	×	φθόγγος cf. φθέγγομαι				
σύμφημι	—	—	×	—					
φάσις	—	×	—	—	*φθονέω...				
φάσκω	—	×	×	—					
φήμη	×	—	—	—					
φημί	×	×	×	×	φθορ- cf. φθείρω				
φημίζω	×	—	—	—					
ψευδοπροφήτης	×	×	—	×					

[φῶς (?)]

*Φῆστος

[*(ἀ)θέμιτος (?)]

-φητ- cf. φημί

φθάνω

προφθάνω	×	—	—	—
φθάνω	×	—	×	—

φθαρ- cf. φθείρω

φθέγγομαι

ἀποφθέγγομαι	—	×	—	—
φθέγγομαι	—	×	—	×
φθόγγος	—	—	×	—

φθείρω

ἀφθαρσία	—	—	×	—
ἄφθαρτος	—	—	×	×
ἀφθορία	—	—	×	—
διαφθείρω	×	—	×	×
διαφθορά	—	×	—	—
καταφθείρω	—	—	×	—
φθαρτός	—	—	×	×

φίλος

ἀφιλάγαθος	—	—	×	—
ἀφιλάργυρος	—	—	×	×
καταφιλέω	×	×	—	—
προσφιλής	—	—	×	—
φιλάγαθος	—	—	×	—
φιλαδελφία	—	—	×	—
φιλάδελφος	—	—	—	×
φίλανδρος	—	—	×	—
φιλανθρωπία	—	×	×	—
φιλανθρώπως	—	×	—	—
φιλαργυρία	—	—	×	—
φιλάργυρος	×	—	×	—
φίλαυτος	—	—	×	—
φιλέω	×	×	×	×
φιλήδονος	—	—	×	—
φίλημα	×	×	×	×
φιλία	—	—	—	×
φιλόθεος	—	—	×	—
φιλονεικία	×	—	—	—
φιλόνεικος	—	—	×	—
φιλοξενία	—	—	×	×
φιλόξενος	—	—	×	×
φιλοπρωτεύω	—	—	—	×
φίλος	×	×	—	×
φιλοσοφία	—	—	×	—
φιλόσοφος	—	×	—	—
φιλόστοργος	—	—	×	—
φιλότεκνος	—	—	×	—
φιλοτιμέομαι	—	—	×	—
φιλοφρόνως	—	×	—	—

Θεόφιλος	×	×	—	—
Φιλαδελφία	—	—	—	×
Φιλήμων	—	—	×	—
Φίλητος	—	—	×	—
Φιλιππήσιος	—	—	×	—
Φίλιπποι	—	×	×	—
Φίλιππος	×	×	—	—
Φιλόλογος	—	—	×	—

(φλέγω)

φλογίζω	—	—	—	×
φλόξ	×	×	×	×

Φλέγων	—	—	×	—

(φλύω)

οἰνοφλυγία	—	—	—	×

φλυαρέω	—	—	—	×
φλύαρος	—	—	×	—

[*φαῦλος]

φόβος

ἀφόβως	×	—	×	×
ἐκφοβέω	—	—	×	—
ἔκφοβος	×	—	—	×
ἔμφοβος	×	×	—	×
φοβέομαι	×	×	×	×
φοβερός	—	—	—	×
φόβητρον	×	—	—	—
φόβος	×	×	×	×

φοῖνιξ

φοῖνιξ	×	—	—	×

Συροφοινίκισσα	×	—	—	—
Φοινίκη	—	×	—	—
Φοινίκισσα	×	—	—	—
Φοῖνιξ	—	×	—	—

[φόνος (!)]

φόνος

ἀνδροφόνος	—	—	×	—
φονεύς	×	×	—	×
φονεύω	×	—	×	×
φόνος	×	×	×	×

[*(πρόσ)φατος... (?), φοῖνιξ (!)]

φορ- cf. φέρω (Φόρον cf. θύρα)

*Φορτούνατος

[φέρω (?)]

*φραγέλλιον...

φραγμός cf. φράσσω

*φράζω

[φρήν (?)]

(εὐ)φραίνω cf. φρήν

φράσσω

φραγμός	×	—	×	—
φράσσω	—	—	×	×

*φρέαρ

[*φρυάσσω (?), *φρύγανον (?), *φύ-
ραμα (?)]

φρήν

ἀφροσύνη	×	—	×	—
ἄφρων	×	—	×	×
εὐφραίνω	×	×	×	×
εὐφροσύνη	—	×	—	—
καταφρονέω	×	—	×	×
καταφρονητής	—	×	—	—

ὁμόφρων	—	—	—	×
παραφρονέω	—	—	×	—
παραφρονία	—	—	—	×
περιφρονέω	—	—	×	—
σωφρονέω	×	—	×	×
σωφρονίζω	—	—	×	—
σωφρονισμός	—	—	×	—
σωφρόνως	—	—	×	—
σωφροσύνη	—	×	×	—
σώφρων	—	—	×	—
ταπεινοφροσύνη	—	×	×	×
ταπεινόφρων	—	—	—	×
ὑπερφρονέω	—	—	×	—
ὑψηλοφρονέω	—	—	×	—
φιλοφρόνως	—	×	—	—
φρεναπατάω	—	—	×	—
φρεναπάτης	—	—	×	—
φρήν	—	—	×	—
φρονέω	×	×	×	—
φρόνημα	—	—	×	—
φρόνησις	×	—	×	—
φρόνιμος	×	—	×	—
φρονίμως	×	—	—	—
φροντίζω	—	—	×	—

[*φράζω (?), *φύραμα (?)]

φρουρέω cf. πρό ὁράω

*φρυάσσω

[*φρέαρ (?), *φρύγανον (?), *φύραμα (?)]

*φρύγανον

[*φρέαρ (?), *φρυάσσω (?), *φύραμα (?)]

-φρων cf. φρήν

φυγή cf. φεύγω

φύλαξ

γαζοφυλάκιον	×	—	—	—

δεσμοφύλαξ	—	×	—	—
διαφυλάσσω	×	—	—	—
φυλακή	×	×	×	×
φυλακίζω	—	×	—	—
φυλακτήριον	×	—	—	—
φύλαξ	—	×	—	—
φυλάσσω	×	×	×	×

φυλ(ε-,ή,ο-) cf. φύω

*φύραμα

[*πορφύρα... (?), *φρέαρ (?), *φρυάσσω (?), *φρύγανον (?), φρήν (?)]

(φυσάω)

ἐμφυσάω	×	—	—	—
φυσιόω	—	—	×	—
φυσίωσις	—	—	×	—

φύω

ἀλλόφυλος	—	×	—	—
δωδεκάφυλον	—	×	—	—
ἐκφύω	×	—	—	—
ἔμφυτος	—	—	—	×
νεόφυτος	—	—	×	—
συμφυλέτης	—	—	×	—
σύμφυτος	—	—	×	—
συνφύομαι	×	—	—	—
φυλή	×	×	×	×
φυσικός	—	—	×	×
φυσικῶς	—	—	—	×
φύσις	—	—	×	×
φυτεία	×	—	—	—
φυτεύω	×	—	—	×
φύω	×	—	—	×

Παμφυλία	—	×	—	—

φωνή cf. φημί

ἀλεκτοροφωνία	×	—	—	—
ἀναφωνέω	×	—	—	—
ἀσύμφωνος	—	×	—	—

ἄφωνος	—	×	×	×
ἐπιφωνέω	×	×	—	—
κενοφωνία	—	—	×	—
προσφωνέω	×	×	—	—
συμφωνέω	×	×	—	—
συμφώ.ησις	—	—	×	—
συμφωνία	×	—	—	—
σύμφωνος	—	—	×	—
φωνέω	×	×	—	×
φωνή	×	×	×	×

*(αὐτό)φωρος

[φέρω (?)]

φῶς

ἐπιφαύσκω	—	—	×	—
ἐπιφώσκω	×	—	—	—
φανός	×	—	—	—
φῶς	×	×	×	×
φωστήρ	—	—	×	×
φωσφόρος	—	—	—	×
φωτεινός	×	—	—	—
φωτίζω	×	—	×	×
φωτισμός	—	—	×	—

[φαίνω, *(δια)σαφέω (?), φημί (?)]

Χ

χαίρω

ἀχάριστος	×	—	×	—
εὐχαριστέω	×	×	×	×
εὐχαριστία	—	×	×	×
εὐχάριστος	—	—	×	—
συνχαίρω	×	—	—	—
χαίρω	×	×	×	×
χαρά	×	×	×	×
χαρίζομαι	×	×	×	—
χάριν	×	—	×	×
χάρις	×	×	×	×
χάρισμα	—	—	×	×
χαριτόω	×	—	×	—

*χαλιν(αγωγέω)...

χαλκε- cf. χαλκός

*χαλκηδών

[χαλκός (?)]

χαλκός

χάλκεος	—	—	—	×
χαλκεύς	—	—	×	—
χαλκίον	×	—	—	—
χαλκολίβανον	—	—	—	×
χαλκός	×	—	×	×

[*χαλκηδών (?), *χλωρός (?)]

*χαμαί

[*(κατα)χθόνιος]

χαρά cf. χαίρω

*χάραγμα...

χαρι- cf. χαίρω

χειμών

παραχειμάζω	—	×	×	—
παραχειμασία	—	×	—	—
χειμάζομαι	—	×	—	—
χειμών	×	×	×	×

χιών	×	—	—	×

Χείμαρρος (cf. ῥέω)	×	—	—	—

χείρ

αὐτόχειρ	—	×	—	—
ἀχειροποίητος	×	—	×	—

διαχειρίζομαι	—	×	—	—
ἐπιχειρέω	×	×	—	—
προχειρίζομαι	—	×	—	—
προχειροτονέω	—	×	—	—
χείρ	×	×	×	×
χειραγωγέω	—	×	—	—
χειραγωγός	—	×	—	—
χειρόγραφον	—	—	×	—
χειροποίητος	×	×	×	×
χειροτονέω	—	×	×	—

[*χορτάζω..., *μέχρι (?), χορός (?)]

*χείρων cf. κακός

[χρή]

(χέω)

αἱματεγχυσία	—	—	—	×
ἀνάχυσις	—	—	—	×
ἐκχέω	×	×	×	×
ἐκχύννομαι	×	×	×	×
ἐπιχέω	×	—	—	—
καταχέω	×	—	—	—
πρόσχυσις	—	—	—	×
σύγχυσις	—	×	—	—
συνχέω	—	×	—	—
συνχύννω	—	×	—	—
ὑπερεκχύννομαι	×	—	—	—

[χοῦς]

*χήρα

[χωρίς, χῶρος]

*(κατα)χθόνιος

[*χαμαί]

χίλιοι

δισχίλιοι	×	—	—	—
ἑπτακισχίλιοι	—	—	×	—
πεντακισχίλιοι	×	—	—	—
τετρακισχίλιοι	×	×	—	—

τρισχίλιοι	—	×	—	—
χιλίαρχος	×	×	—	×
χιλιάς	×	×	×	×
χίλιοι	—	—	—	×

χιών cf. χειμών

χλευάζω

διαχλευάζω	—	×	—	—
χλευάζω	—	×	—	—

*χλιαρός

[*Χλόη, *χλωρός]

*Χλόη

[*χλωρός]

*χλωρός

[*Χλόη, *χλιαρός, *χολάω..., χαλκός (?)]

χοϊκός cf. χοῦς

*χολάω...

[*χλωρός]

χορός

ἐπιχορηγέω	—	—	×	×
ἐπιχορηγία	—	—	×	—
χορηγέω	—	—	×	×
χορός	×	—	—	—
Πρόχορος	—	×	—	—

[χείρ (?), *χορτάζω... (?)]

*χορτάζω...

[χείρ, χορός (?)]

χοῦς

χοϊκός	—	—	×	—
χοῦς	×	—	—	×

[χέω]

χρή

ἀπόχρησις	—	—	×	—
ἀχρεῖος	×	—	—	—
ἀχρεόομαι	—	—	×	—
ἄχρηστος	—	—	×	—
εὔχρηστος	—	—	×	—
καταχράομαι	—	—	×	—
παραχρῆμα	×	×	—	—
συνχράομαι	×	—	—	—
χράομαι	—	×	×	—
χράω	×	—	—	—
χρεία	×	×	×	×
χρεοφειλέτης	×	—	—	—
χρή	—	—	—	×
χρῄζω	×	—	×	—
χρῆμα	×	×	—	—
χρηματίζω	×	×	×	×
χρηματισμός	—	—	×	—
χρήσιμος	—	—	×	—
χρῆσις	—	—	×	—
χρηστεύομαι	—	—	×	—
χρηστολογία	—	—	×	—
χρηστός	×	—	×	×
χρηστότης	—	—	×	—

[*χείρων]

χρίω

ἀντίχριστος	—	—	—	×
ἐγχρίω	—	—	—	×
ἐπιχρίω	×	—	—	—
χρίσμα	—	—	—	×
χρίω	×	×	×	×
ψευδόχριστος	×	—	—	—

Χριστιανός	—	×	—	×
Χριστός	×	×	×	×

[*χρώς, *Κενχρεαί (?)]

χρόνος

μακροχρόνιος	—	—	×	—
χρονίζω	×	—	—	×
χρόνος	×	×	×	×
χρονοτριβέω	—	×	—	—

*χρύσεος...

*χρώς

[χρίω]

-χυ- cf. χέω

χώρα, -έω, -ία, -ιον cf. χῶρος

χωρίς

ἀποχωρίζομαι	—	×	—	×
διαχωρίζομαι	×	—	—	—
χωρίζω	×	×	×	×
χωρίς	×	—	×	×

[*χήρα, χῶρος]

(χῶρος)

ἀναχωρέω	×	×	—	—
ἀποχωρέω	×	×	—	—
ἐκχωρέω	×	—	—	—
εὐρύχωρος	×	—	—	—
περίχωρος	×	×	—	—
στενοχωρέομαι	—	—	×	—
στενοχωρία	—	—	×	—
ὑποχωρέω	×	—	—	—
χώρα	×	×	—	×
χωρέω	×	—	×	×
χωρίον	×	×	—	—

[χωρίς]

Ψ

*ψάλλω...

[ψηλαφάω, πόλεμος (?)]

(προσ)ψαύω cf. ψάω		

(ψάω)

περίψημα	— — × —
προσψαύω	× — — —
ψιχίον	× — — —
ψωμίζω	— — × —
ψωμίον	× — — —
ψώχω	× — — —
[ὄψον]	

ψεύδομαι

ἀψευδής	— — × —
ψευδάδελφος	— — × —
ψευδαπόστολος	— — . × —
ψευδής	— × — ×
ψευδοδιδάσκαλος	— — — ×
ψευδολόγος	— — × —
ψεύδομαι	× × × ×
ψευδομαρτυρέω	× — — —
ψευδομαρτυρία	× — — —
ψευδομάρτυς	× — × —
ψευδοπροφήτης	× × — ×
ψεῦδος	× — × ×
ψευδόχριστος	× — — —
ψευδώνυμος	— — — ×
ψεῦσμα	— — × —
ψεύστης	× — × ×

ψηλαφάω cf. ἅπτω	
[*ψάλλω...]	

(περί)ψημα cf. ψάω

ψῆφος

συμψηφίζω	— × — —
συνκαταψηφίζομαι	— × — —
ψηφίζω	× — — ×
ψῆφος	— × — ×

*ψιθυρισμός...

ψιχίον cf. ψάω

(ψύχω)

ἀποψύχω	× — — —
ἄψυχος	— — × —
δίψυχος	— — — ×
ἐκψύχω	— × — —
εὐψυχέω	— — × —
ἰσόψυχος	— — × —
ὀλιγόψυχος	— — × —
σύμψυχος cf. σύνψυχος	
σύνψυχος	— — × —
ψυχή	× × × ×
ψυχικός	— — × ×

ἀνάψυξις	— × — —
ἀναψύχω	— — × —
καταψύχω	× — — —
ψύχομαι	× — — —
ψύχος	× × × —
ψυχρός	× — — ×

ψω- cf. ψάω

Ω

ὧδε cf. ὁ

ᾠδή cf. ᾄδω

(εὐ)ωδία cf. ὄζω

ὠδίν

συνωδίνω	— — × —
ὠδίν	× × × —
ὠδίνω	— — × ×

(κιθαρ)ῳδός cf. ᾄδω

(ὠθέω)

ἀπωθέομαι	— × × —			
ἐξωθέω	— × — —			

[*νωθρός (?)]

(ἀπ)ώλεια cf. ὄλλυμι

-ωμοσία cf. ὀμνύω

*ὠνέομαι cf. τελώνης

-ώνυμος cf. ὄνομα

-ωπ- cf. ὀπ-

ὥρα

ἡμίωρον	— — — ×			
ὥρα	× × × ×			
ὡραῖος	× × × —			

-ωργ- cf. ἔργον

-ωρέω cf. ὁράω

(θυρ)ωρός cf. ὁράω

ὡς

καθώς	×	×	×	×
καθώσπερ	—	—	×	×
ὡς	×	×	×	×
ὡσαύτως	×	—	×	—
ὡσεί	×	×	×	×
ὥσπερ	×	×	×	×
ὡσπερεί	—	—	×	—
ὥστε	×	×	×	×

[ὅς]

ὠτ- cf. οὖς

ὠφελ- cf. ὄφελος

(συνευ)ωχέομαι cf. ἔχω

(μώλ)ωψ cf. ὀπ-